AF551056

Etel Adnan
Wir wurden kosmisch

starfruit

Etel Adnan
Wir wurden kosmisch

Ein Gedicht, Zeichnungen, Fotografien und ein Gespräch

Herausgegeben von Joshua Groß und Moritz Müller-Schwefe
in Zusammenarbeit mit dem
Institut für moderne Kunst Nürnberg

»Geschichte ist keine objektive,
empirische Gegebenheit, sondern ein Mythos.«
Nikolai Alexandrowitsch Berdjajew

Ein Trauermarsch für den ersten Kosmonauten

Etel Adnan

Du hast die Pipeline gesucht, die in den Himmel führt
tief in den Ästen des Affenbaums

eine inkohärente Lichtwelle bewegte sich
hinter den Wolken
du gingst schwimmen in diesem weit entfernten Pool
du gingst, um dich darin aufzulösen
kühl wie die Westseite der Palmblätter
im Anbruch des Mittags

da sind Schlaglöcher in den Himmeln
die Wanderer in der Sierra wissen um sie
treibende Eisberge mit dem Geschmack
von Antimaterie verrückter Physik

Gagarin Scott Gherman Titov McDivitt
Komarov die neue Hierarchie der Erzengel
die Nachrichten von weit draußen mitbringen
die Protone entschlüsseln und die sich bewegen
in einem rasenden Elektronenschauer

sieben Sonnenuntergänge für einen einzigen Abend
und der ununterbrochene Mond
wächst in ihre Augen hinein mit dem Blick
von Müttern, die auf uns zurückschauen von der anderen
Seite des Todes

sieben Sonnenaufgänge für einen Kosmonauten!

Ich war in Karthago und der amerikanische
Satellit kreiste über dem Land des heiligen
Augustinus. Ich sagte zu ihm: Afrikaner

heute hättest du dich nicht in den
Meeren des Römischen Imperiums ertränkt
aber du wärst in den fünften Ozean gegangen
        bei sinkender Sonne
die so steigt, dass es immerzu Nacht bleibt
und immerzu Tag und die Sterne, die wir in den Himmel schießen
werden die Antennen des piependen
pulsierenden denkenden Atoms
menschlichen Lebens sein.

Siebzehn Sonnenaufgänge an einem Tag.

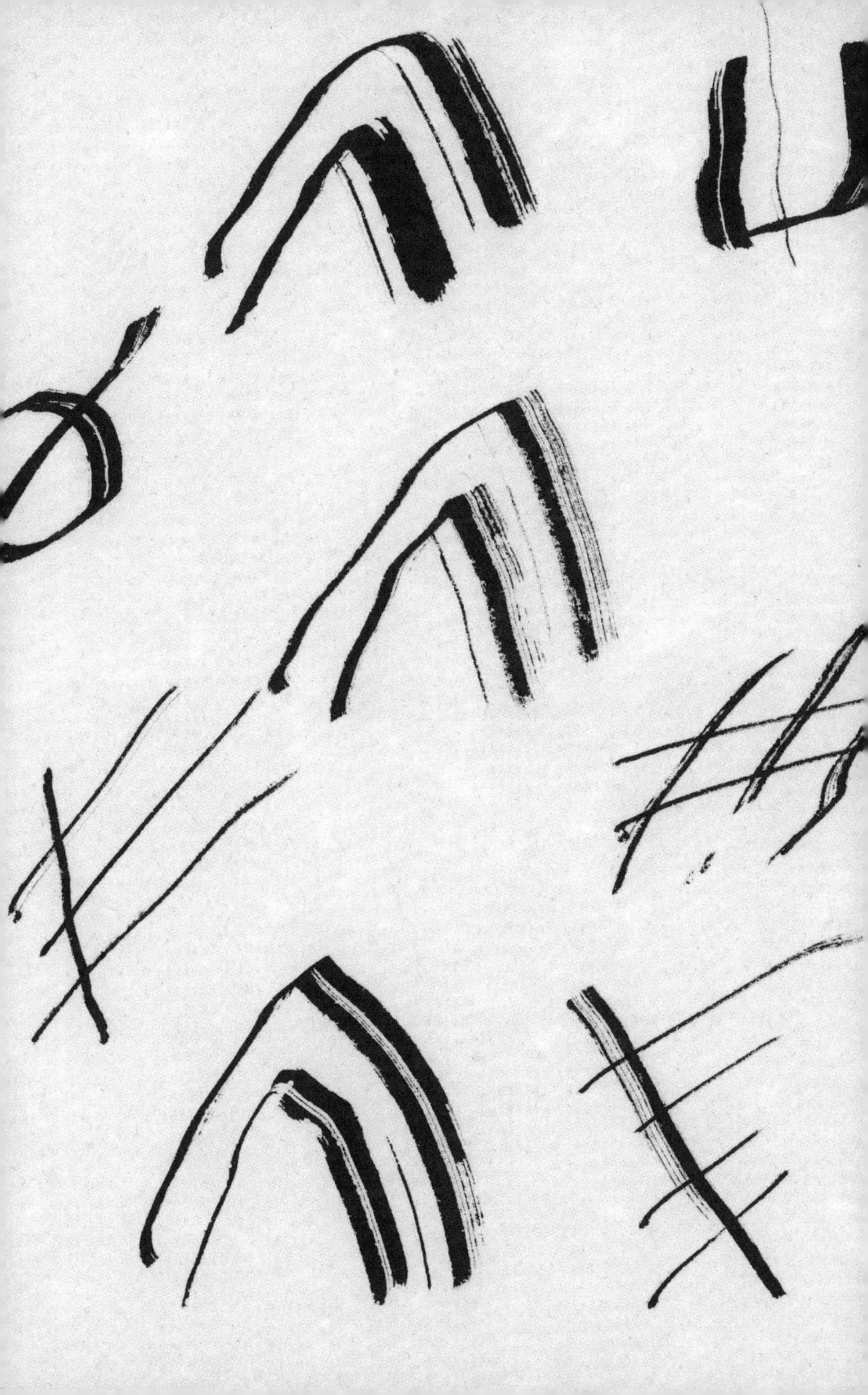

Am Anfang war der Sufi im Orbit
am Anfang war das weiße Blatt
am Anfang war das Schwert
am Anfang war die Rakete
am Anfang war der Tänzer
am Anfang war Farbe
am Anfang war Musik

Gagarins Tod ... es ist wieder so: Ikarus denk an Dädalus
denk an Gagarin denk an den Erzengel denk an die
fallenden Blüten der weiß-rosa Rose! Denk also an Ikarus
denk an
Dädalus denk an Gagarin

Denk an Komarov Vladimir Vladimir Vladimir Komarov
Komarov Komarov denk an Carpenter denk an McDivitt
denk an Glenn Glenn Glenn Glenn Komarov Glenn Gagarin
Vladimir Glenn Vladimir Glenn

Denk dran: Am Anfang war das All am Anfang
war Zeit und Raum-Zeit und Zeit-Raum und Schlaf ...
und Musik.

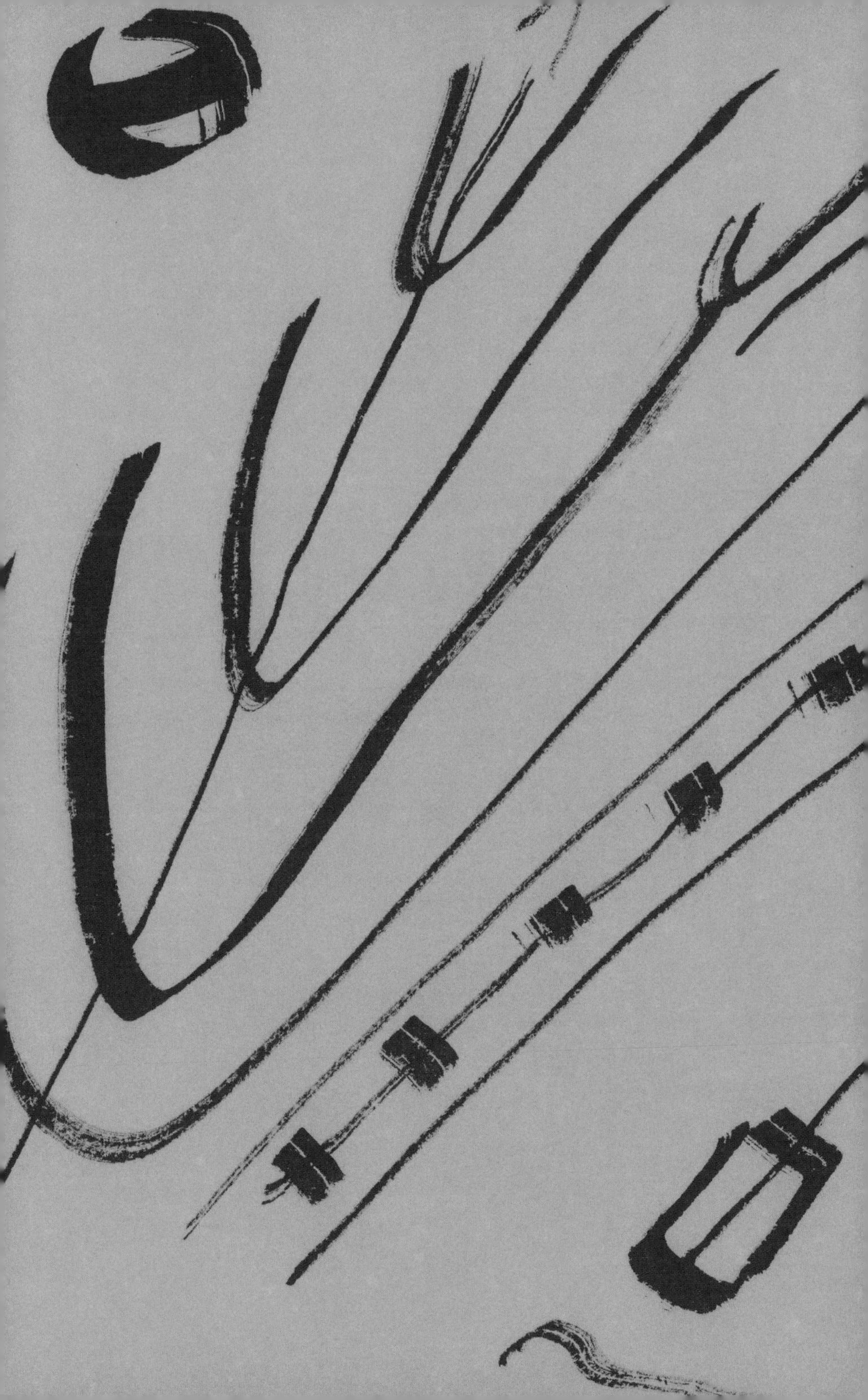

Ich sehe das Tarot von Japan in diesen gedämpften Bildern
eine Prozession von Samurais, die ihre Schwerter biegen
    sie tragen ein Prozessionsbuch für Op Art
    auf der weißen Seide ihrer Geister.

Das ist Japan, versunken und wiederauferstanden
    wiederauferstanden aber immer noch sterbend
    es trinkt Wasser und taucht auf
vom Meeresgrund und versinkt dann in einer
transistorisierten Version von Hiroshima

Tränen tropfen vom Mount Fuji und ein Erdbeben
    endet vor der offenen Wunde von
    Kamakura

Lange elliptische Flugbahnen führen zu Quetschungen
    im Himmel
wir sind die Introvertierten des Space-Zeitalters
    kratzen an Wolken mit geschlossenen Fäusten
    vergraben die Augen in der Rinde der Bäume
    essen und bleiben hungrig
    küssen und bleiben einsam
    sprechen und bleiben verdammt

wir hauen Tunnel in Richtung des Todes

und vergessen die Sonne, den schwarzen Halo der
japanischen Flagge
das Spielzeug, das im Pazifik schwimmt
zu Füßen der Stadt Osaka

diese unaufhaltsame Sonne, die sich wie ein Fisch in den Wellen
bewegt
weit draußen vor Tokio.

Wir werfen ein ganzes Labyrinth
indianischer Stämme ins All
mit nuklearen Abfällen
als unerwünschte Satelliten

Der Omaha-Indianer singt:

Kommt, Sonne, Mond, Sterne, ihr alle
die ihr euch in den Himmeln bewegt
Ich bete euch an, hört mich: in eurer Mitte
ist neues Leben entstanden.

Sein Song bohrt
uns Löcher in die Ohren
er hämmert sich seinen Weg bis in Kings Mountaintop-Rede
von Memphis
es ist unsere Offenbarung

Der schwarze Prophet
zweimal aufgestiegen:
um die Sonne zu treffen
und seinen Tod

– erinnert euch an die herabstürzenden Papierdrachen,
als wir Kinder waren
sie sahen immer aus wie sterbende Vögel –

In den dunklen Sälen der
Kinos verseuchen Filme über
Prophezeiungen das Publikum. Batman
Gagarin, Superman, Martin Luther King
das ist der Kampf der Engel.

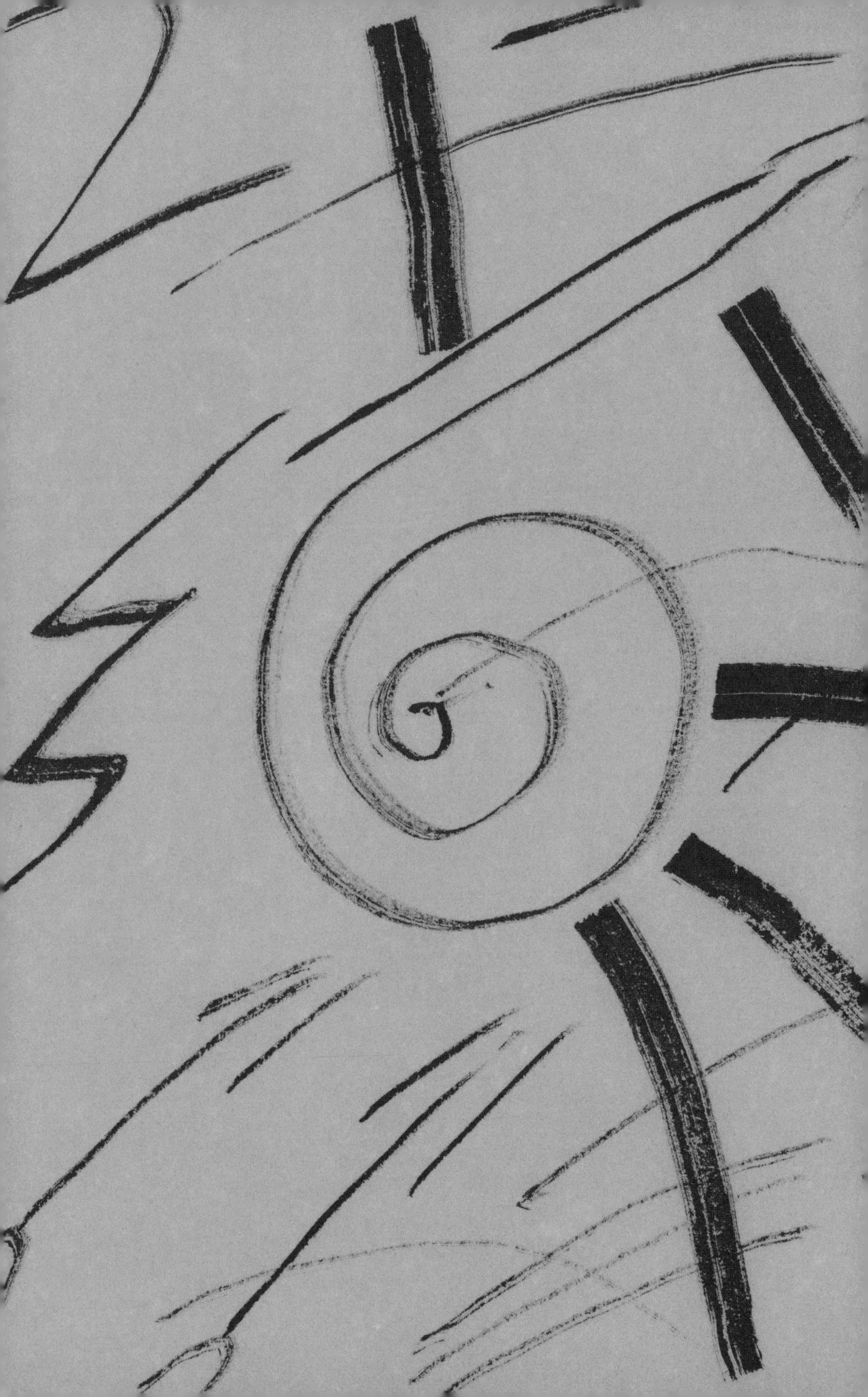

Wir tranken eine Flüssigkeit aus dem Mund des Kamels
sie war bitter
und wir hörten Gelächter

Es gibt eine Ordnung im Universum
unerbittlich heliozentrisch, in der
kein obskures Paradies bestehen kann

es gibt dort ein aufgeblähtes Tier, das auf tausend Füßen läuft

wir leben in seinem Bauch
wir atmen seine Gase
wir schauen mit seinen Augen
wir verfluchen seine Leber

dann schicken wir einen Kosmonauten zu den anderen Planeten
um die Wiederauferstehung zu besingen!

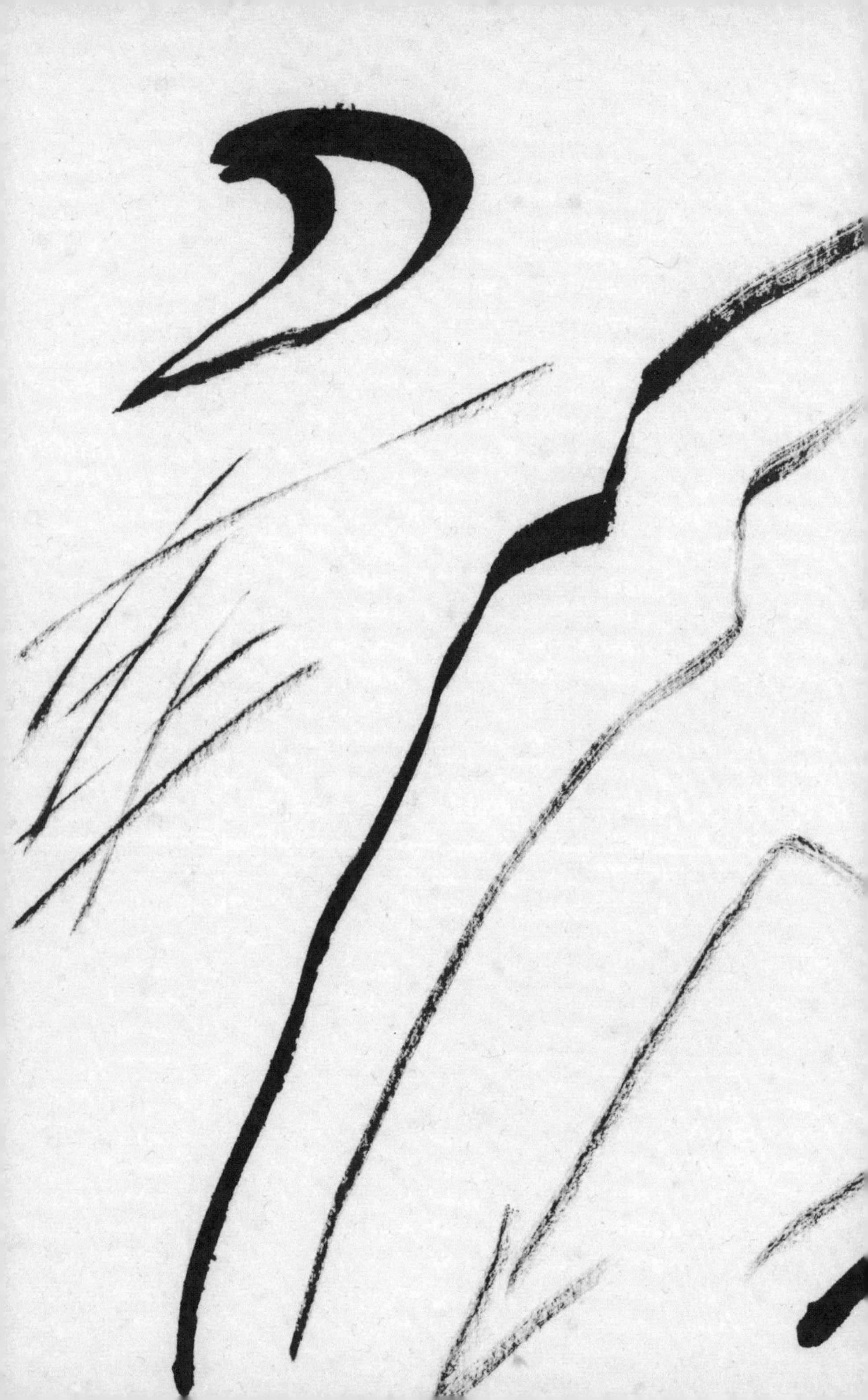

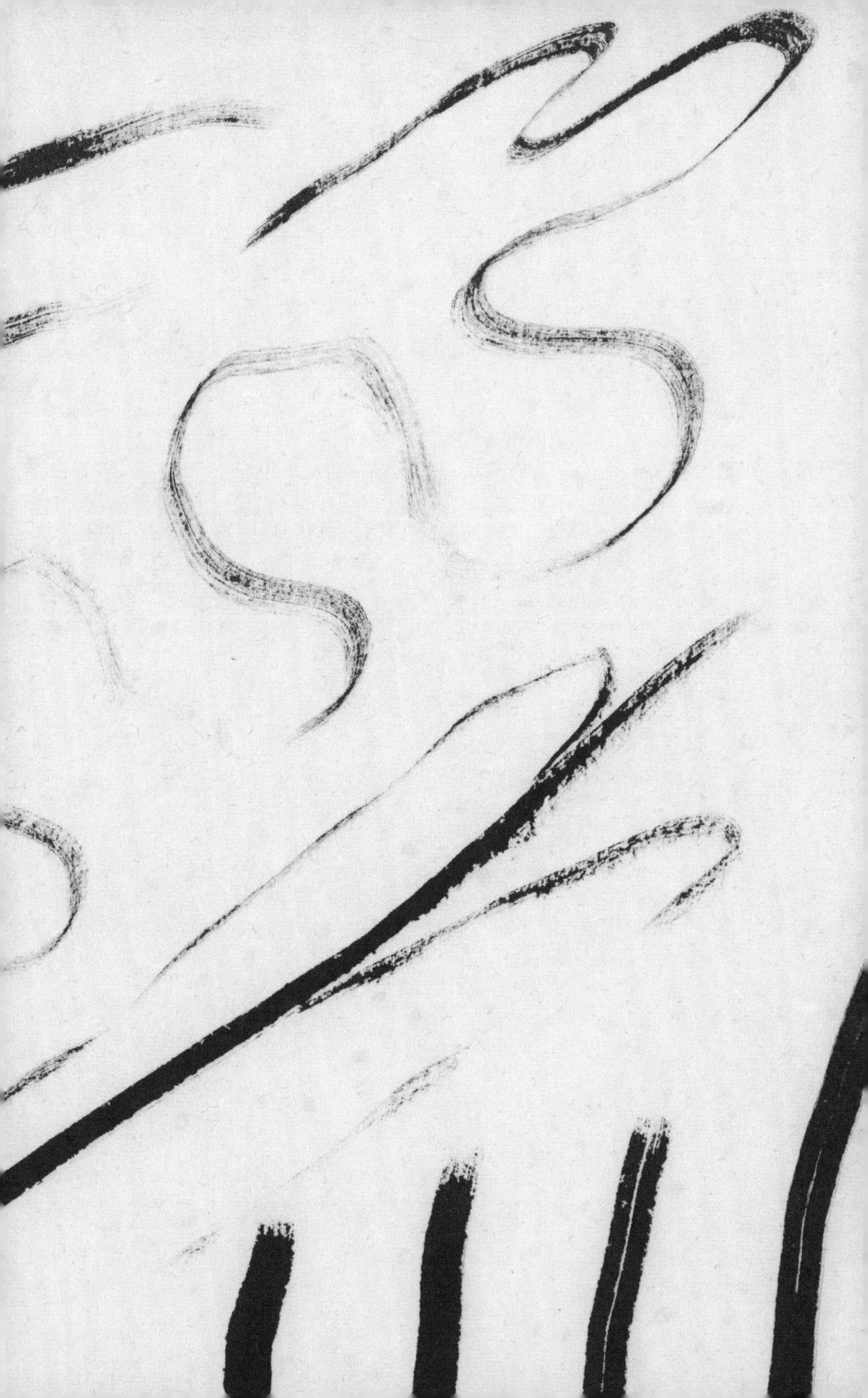

Am Anfang war San Quentin
ich sah es in der Dämmerung, ein riesiges Casino
gebaut von Frank Lloyd Wright, ein
schwebender Traum, aber
das Gebäude warf Licht zurück
wie ein Spiegel
und in diese Zurückweisung war seine
    ganze Traurigkeit eingeschrieben

Licht konnte nicht hindurch
es wurde festgehalten in all seiner Kraft
und das Gefängnis verwandelte sich, aber nur für die
die draußen waren
    die Gefangenen selbst blieben in der Finsternis

und diese Bilder sind gefangen auf
    Papier
ich sehe, wie sie um Freiheit kämpfen
    um Bedeutung

sie fallen, wie Gagarin heute
gefallen ist:

er war ein Frosch, der niederglitt
er war ein Kreuz, das zur Erde schoss
er war ein Boot, angetrieben von den eigenen Genen
    in dem Moment, als alle Informationen verrückt wurden
    in jeder einzelnen Zelle

und er flog, beide Arme und beide Beine geöffnet
wie ein Kompass
wie ein Vogel, der von einem Blitz getroffen wird
wie die Fledermäuse, die Leonardo zeichnete
Fledermäuse, deren Flügel auch geblendet waren.

Und er sah
von dort, wo nicht mal ein Dreizehntel Durchmesser der
Erde sichtbar war
er sah – wie Riffe voll toter Fische
    in tropischen Gewässern –
eine stille Linie toter
Kosmonauten, die sich durch
die Reinheit des Alls bewegen

Und er fiel
zurück zu den schwarzen Büschen der Erde
in einem plötzlichen Feuer
das seine Trauerrede war
(diese Reise ging zu Ende
eine andere Reise war gerade
angebrochen)

Lichtexplosionen
explodierende Glühbirnen
zersplitternd
die ganze Menschheit
bombardiert von so vielen
Nachrichten, Bildern, von der elektrischen Spannung
des Sex
und von einem Requiem für die Schallmauer!

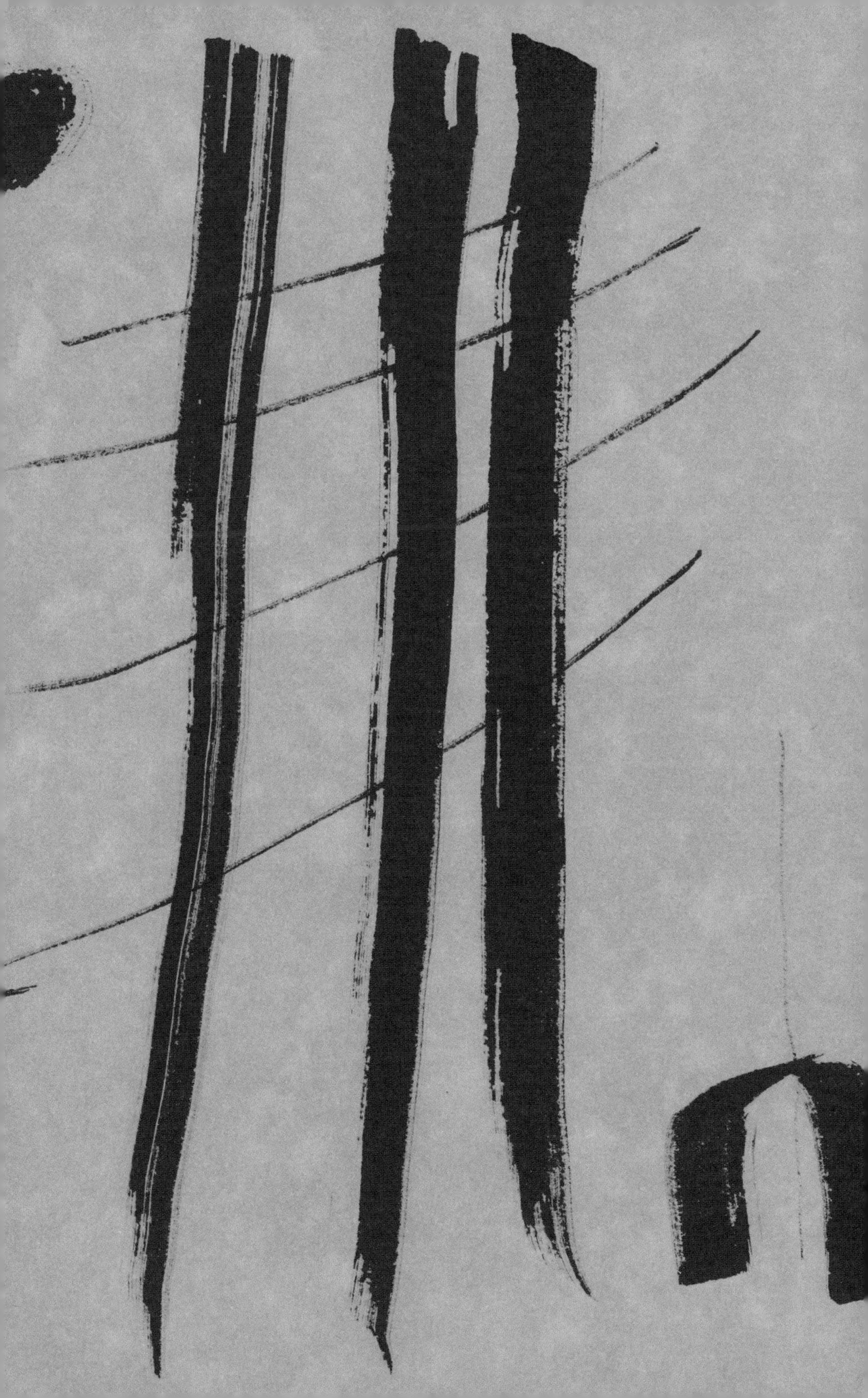

Er flog im Inneren einer wilden Flamme
wie ein Song
fiel er herab mit kosmischer Geschwindigkeit
er vermisste Mutter Erde
und kehrte zu ihr zurück, ein
toter Kriegsheld
während die Sonne weinte.

Es gibt nur rote Blumen in unserem Land
Blüten und keine Stängel
Stängel und keine Blüten

Pfeifen, Gongs, Trommeln, Beats, Streicher
Trommeln, und mehr Trommeln, und Füße von
Menschen wie viele weitere Trommeln
asiatische Trommeln afrikanische Trommeln
    arabische Trommeln
amerikanische Trommeln russische Trommeln
eine Trommel

Während die Sonne weinte
kehrte der tote Kriegsheld zurück
zurück zu seiner Mutter, die er vermisst hatte
mit kosmischer Geschwindigkeit
wie ein Song
flog er im Inneren einer wilden Flamme.

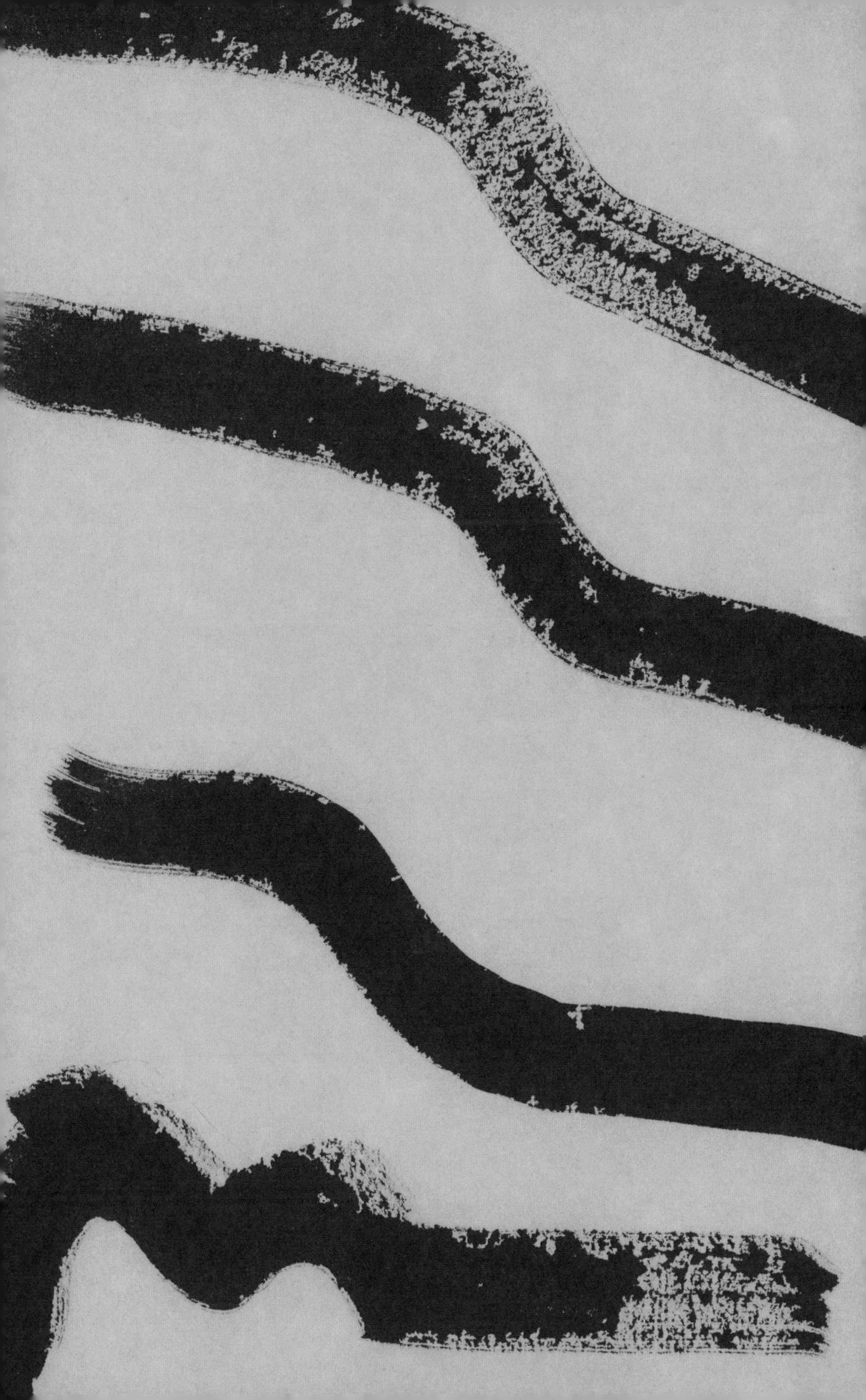

Der Körper des Alls schwillt an wie eine Frau nach ihrem Tod
der geschlagene Körper des Alls öffnete sich in Bahnen
    in Wunden
    überquellend vor Wolken

sie beweinen seine Todesqualen

der Körper des Alls dehnt sich aus unter dem Druck
    der Vorfahren
    Löschfahrzeuge, Nägel, bewaffnete Panzer
    Kolonnen von Soldaten-Engeln und Algeriern
    die sich zurückziehen
    das ganze erbärmliche Bataillon steigt hinauf

    die unsichtbaren Treppen ins All

der Körper des Alls ist weiß wie der frühe Morgen
    hab keine Angst ...

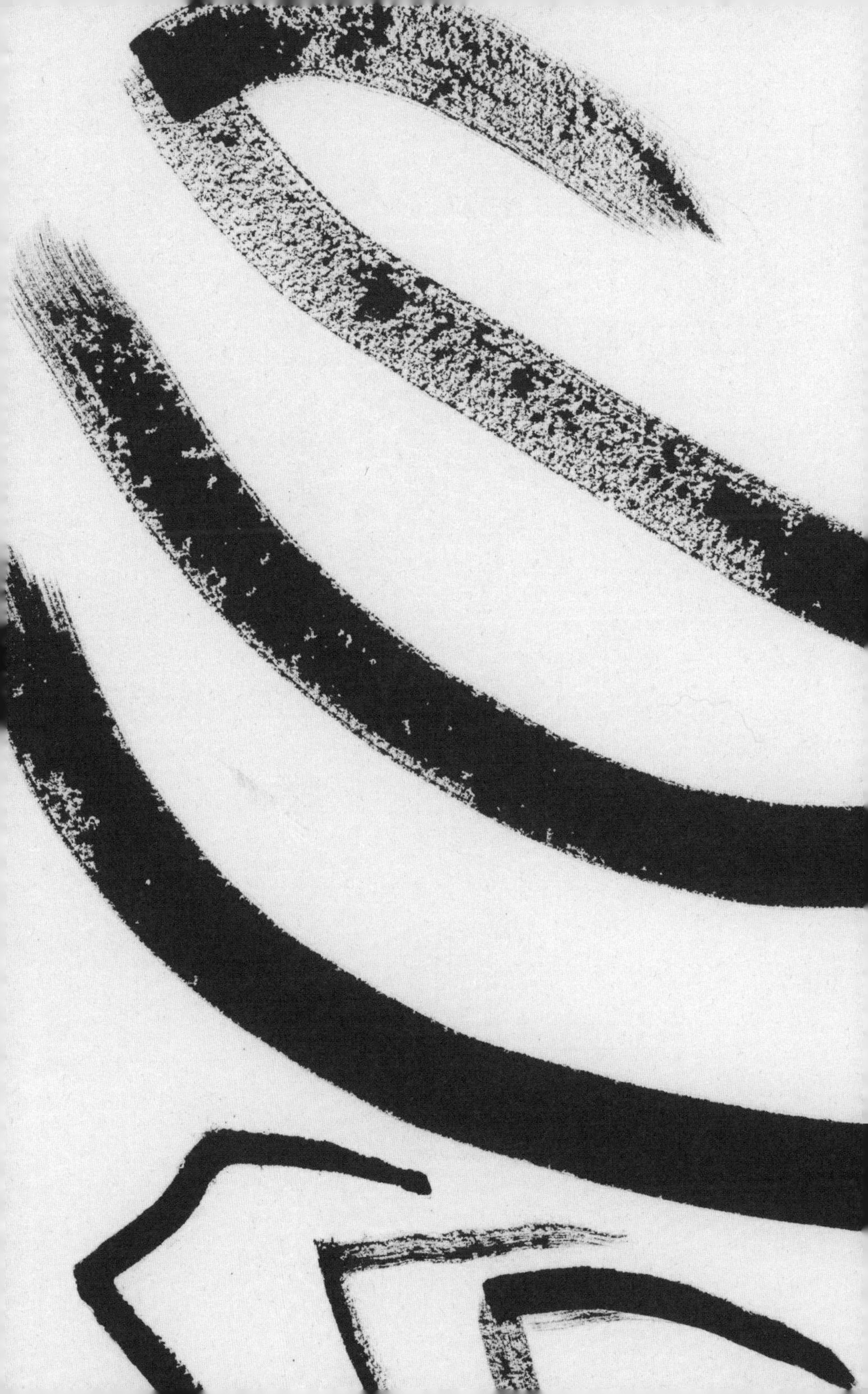

Astronauten sind genauso sterblich

Gagarin war der erste Mensch im All aber auch der dreizehnte
der Sonnengott Ra und die mörderische Isis
Elia und Jesus und ihr alle
Mohammed, der über Jerusalem schwebte
der sich weigerte, das Paradies zu betreten
    allerdings unbekleidet
und zusammengefallen zu einem Haufen Asche

du, Prophet Elia, wurdest von Feuerpferden getragen
die entrückt brannten so nah an der Sonne

ihr Kosmonauten, ihr alle wurdet von unseren Träumen getragen
schwebend über dem Schlaf
ihr Pioniere des Alls
das zwischen Atomen und Träumen herumlungert
wir haben diese gewaltige Minute der Stille gehört
ihr alle habt euch erhoben, als Gagarin zu euch kam
dieses großartige Kind in dieser großartigen Maschine.

Übertragen aus dem Englischen
von Joshua Groß und Moritz Müller-Schwefe.

Es ist wie eine Mutation, die uns widerfahren ist

Raketenstarts

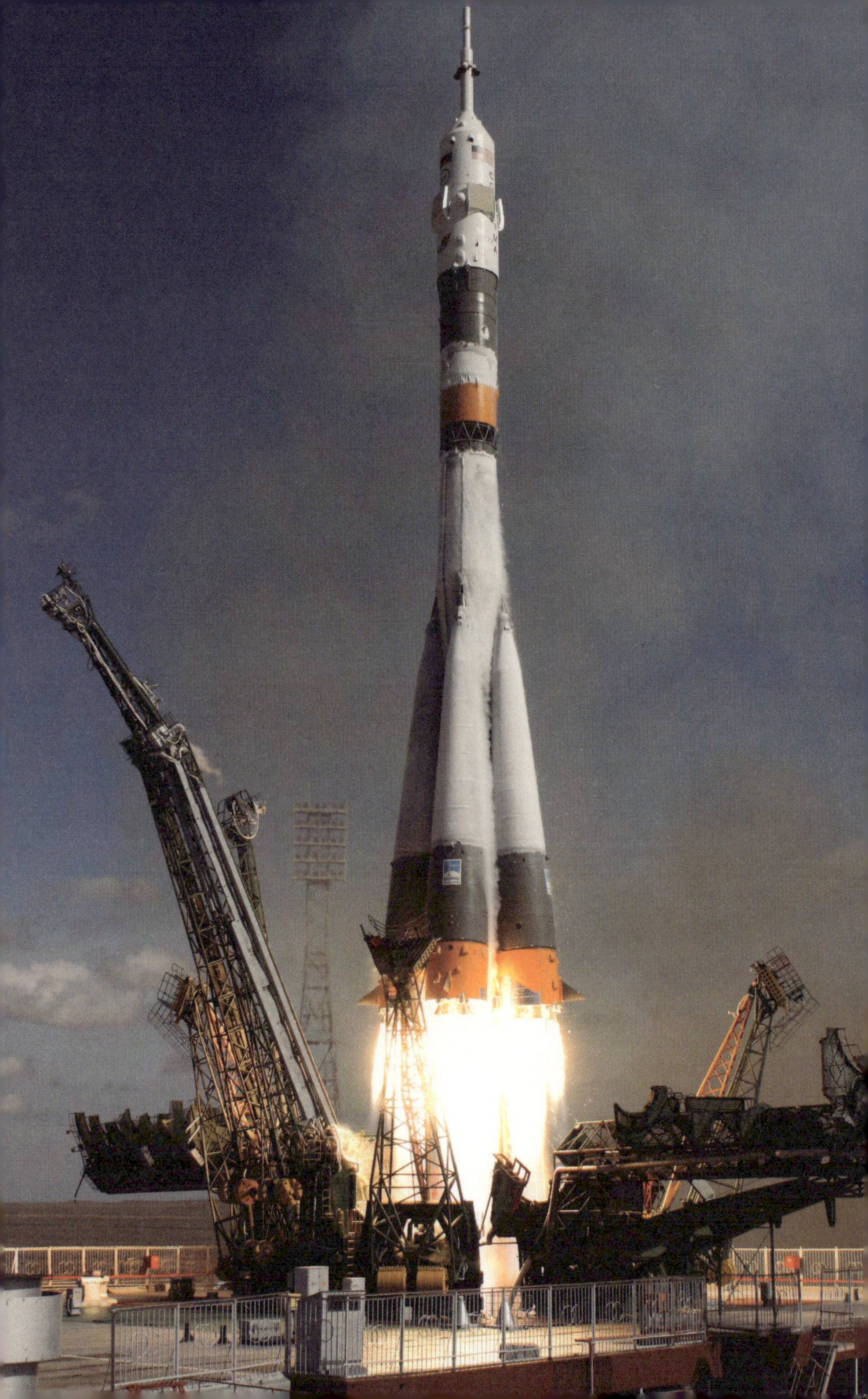

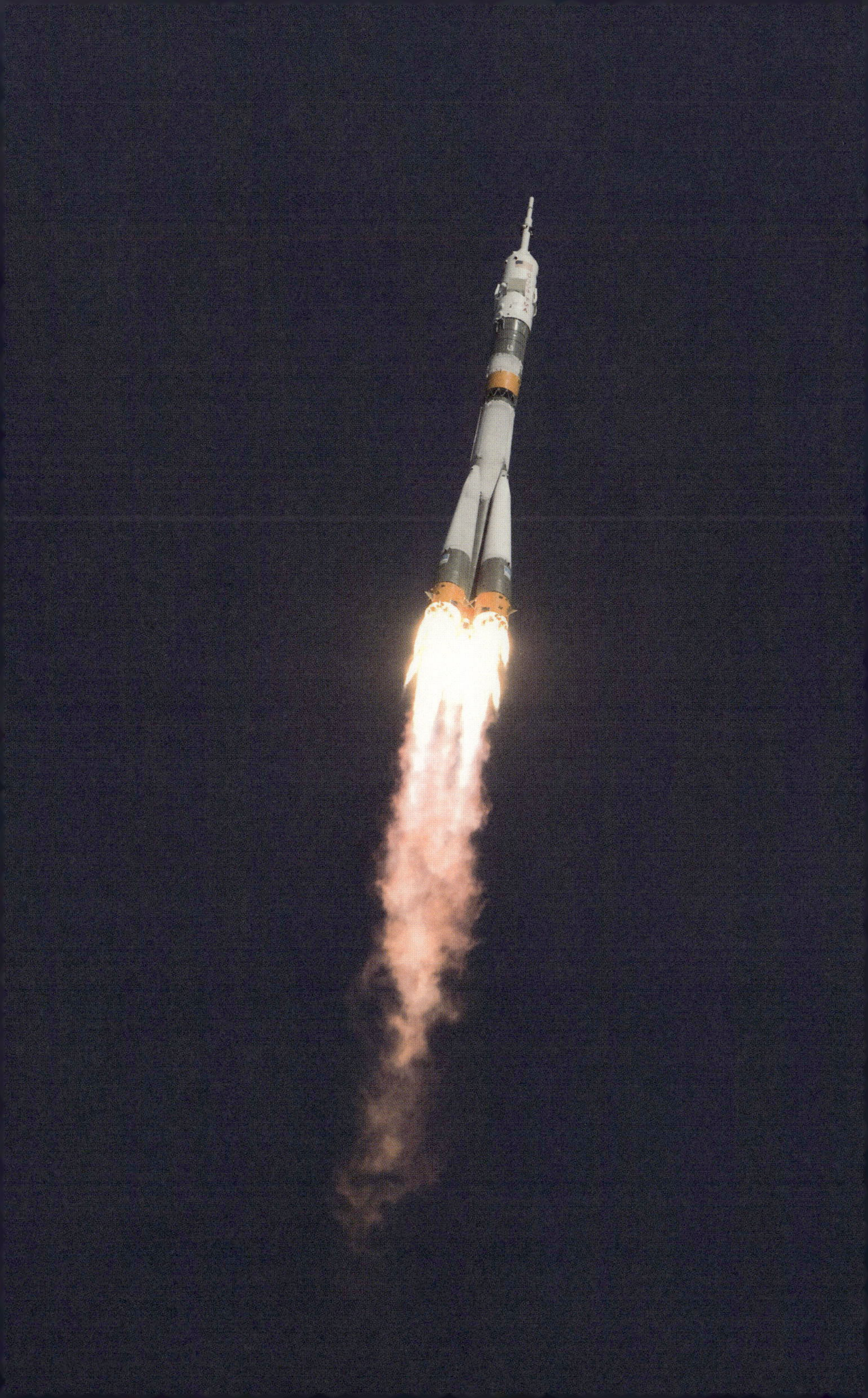

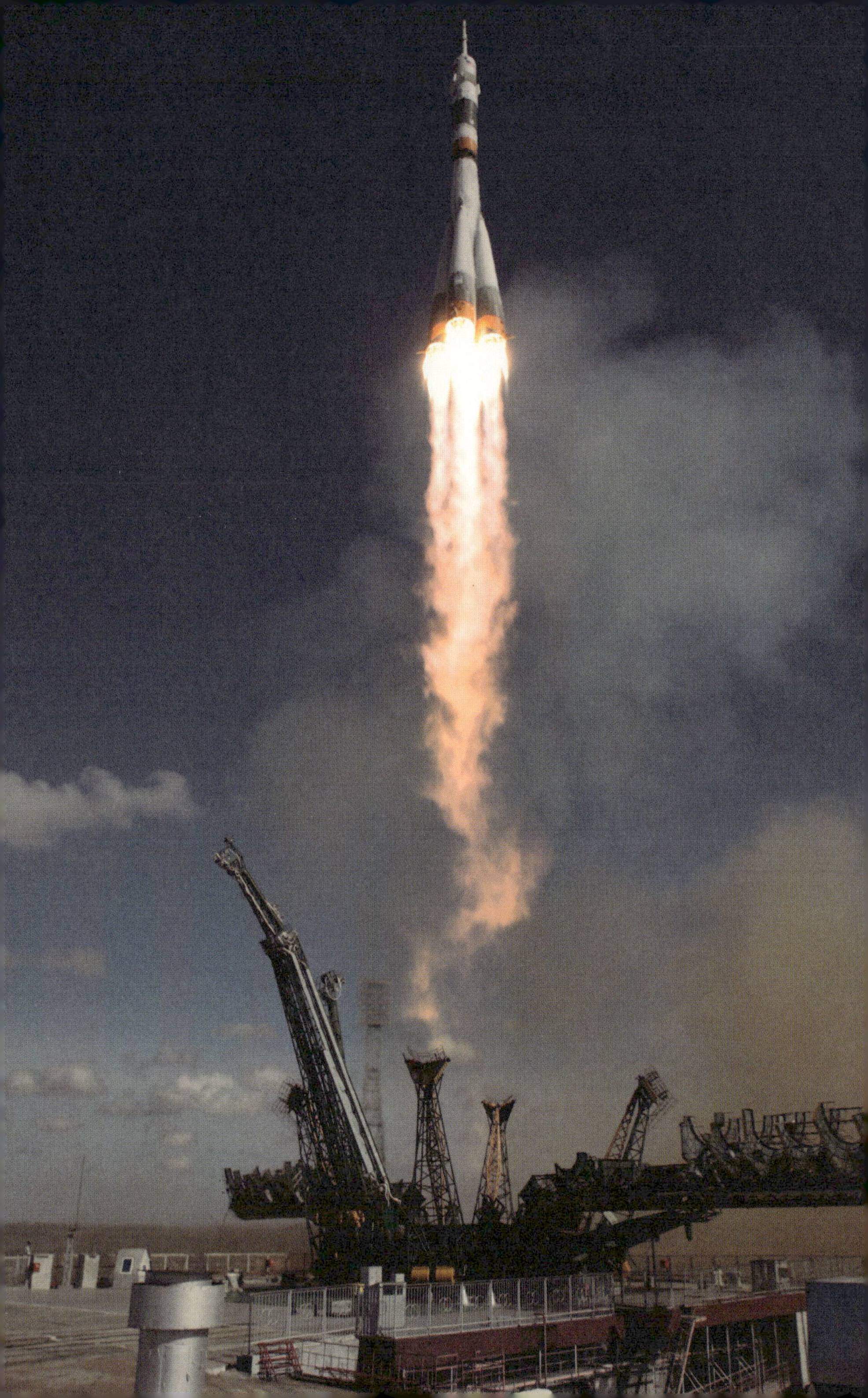

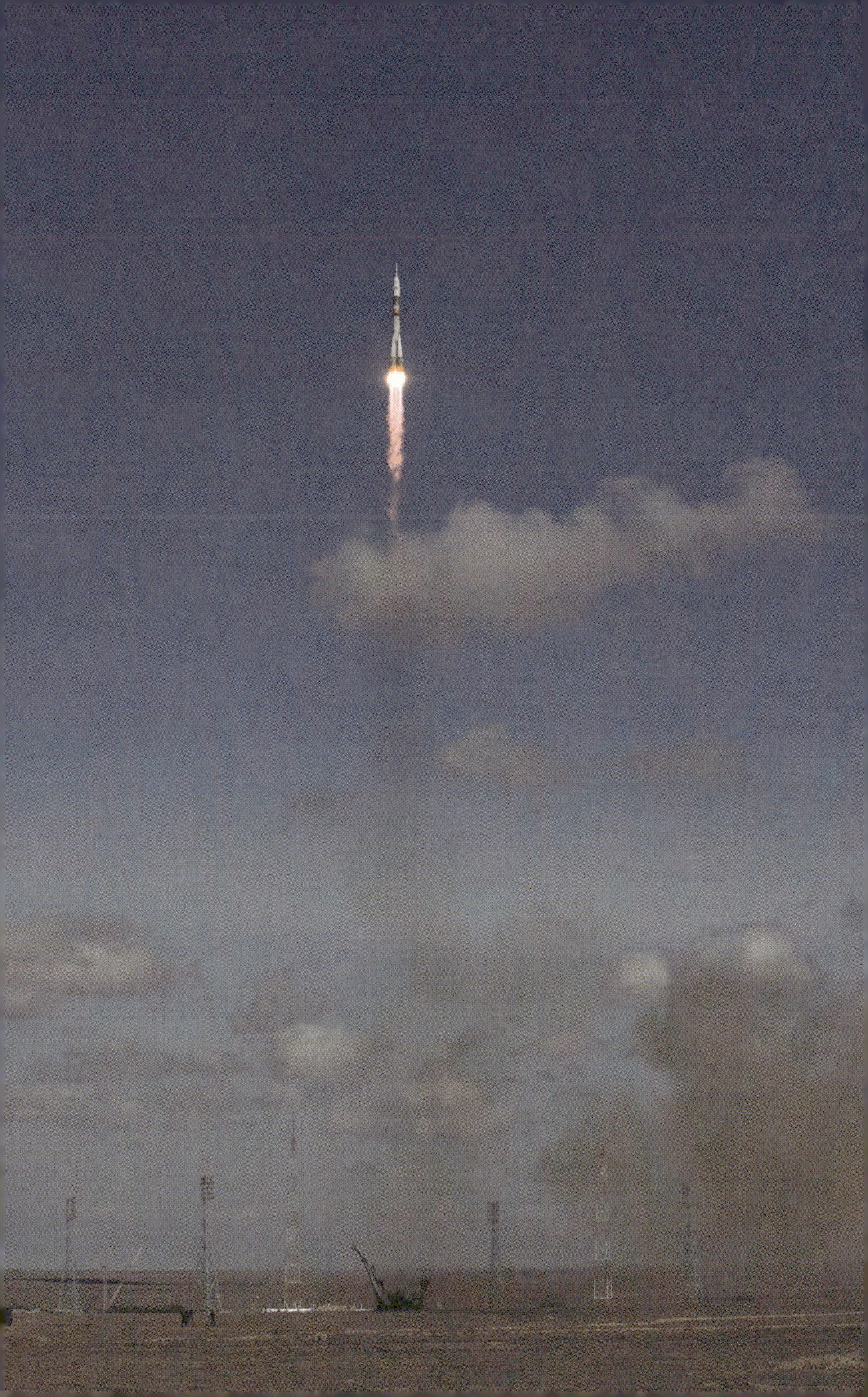

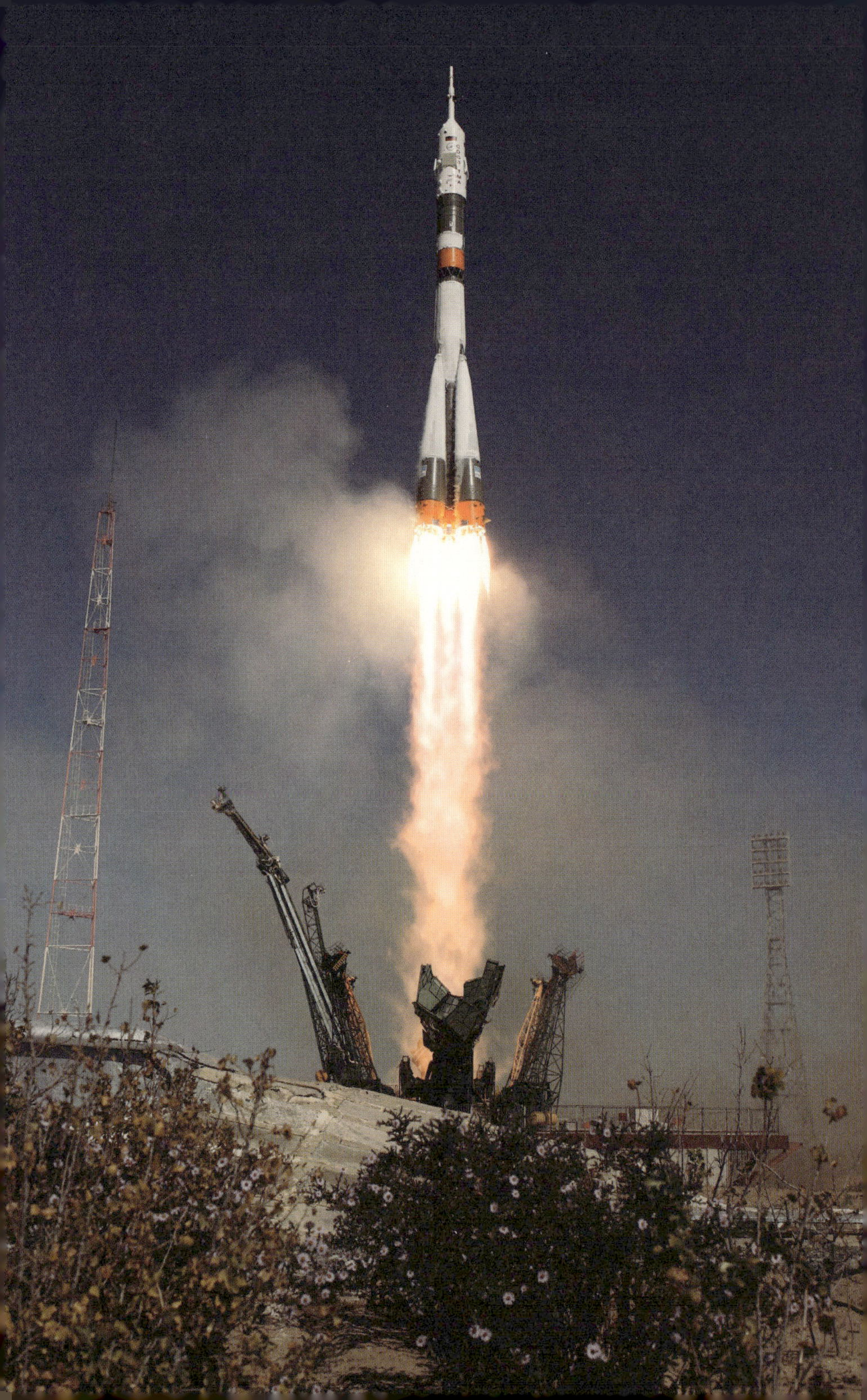

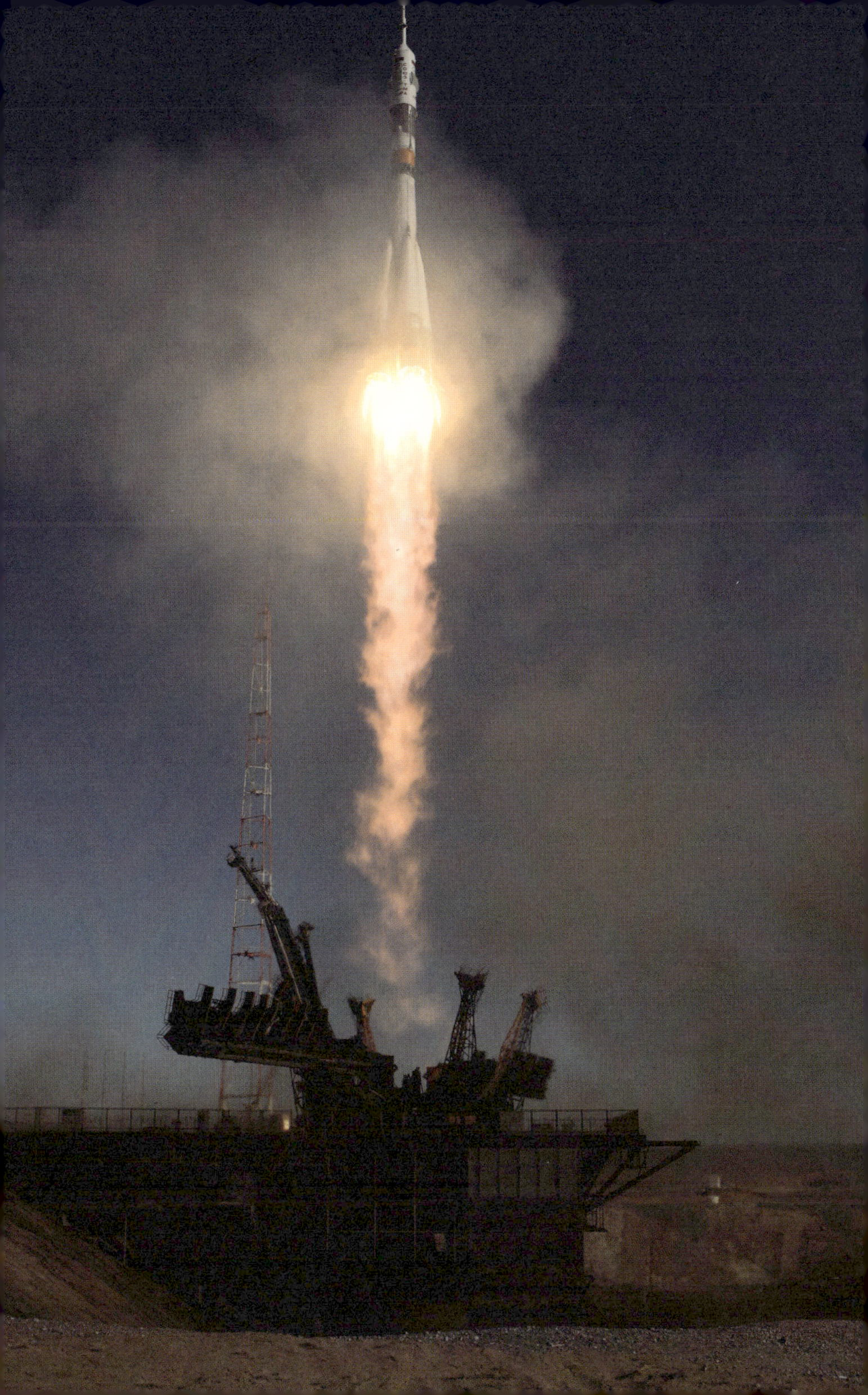

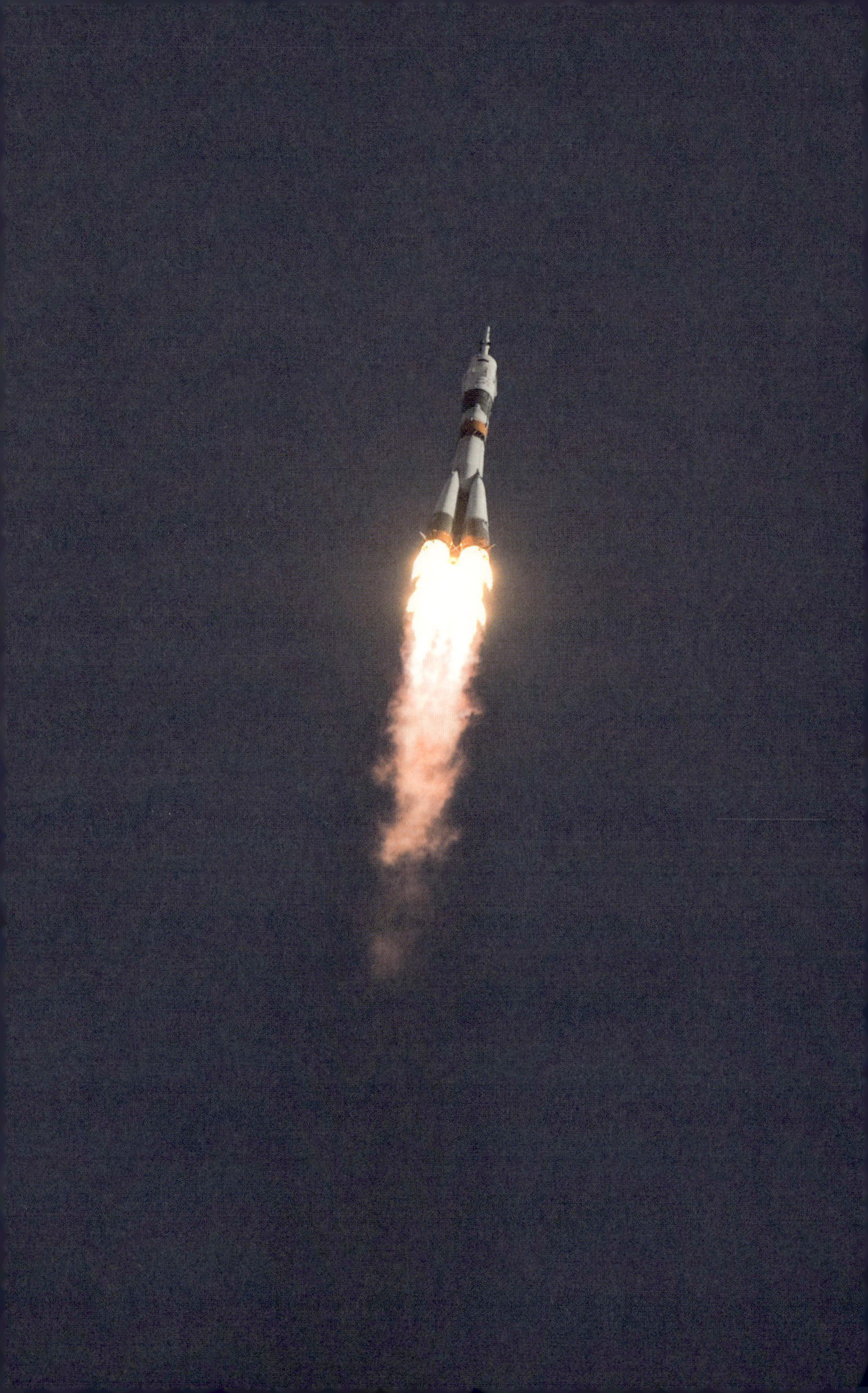

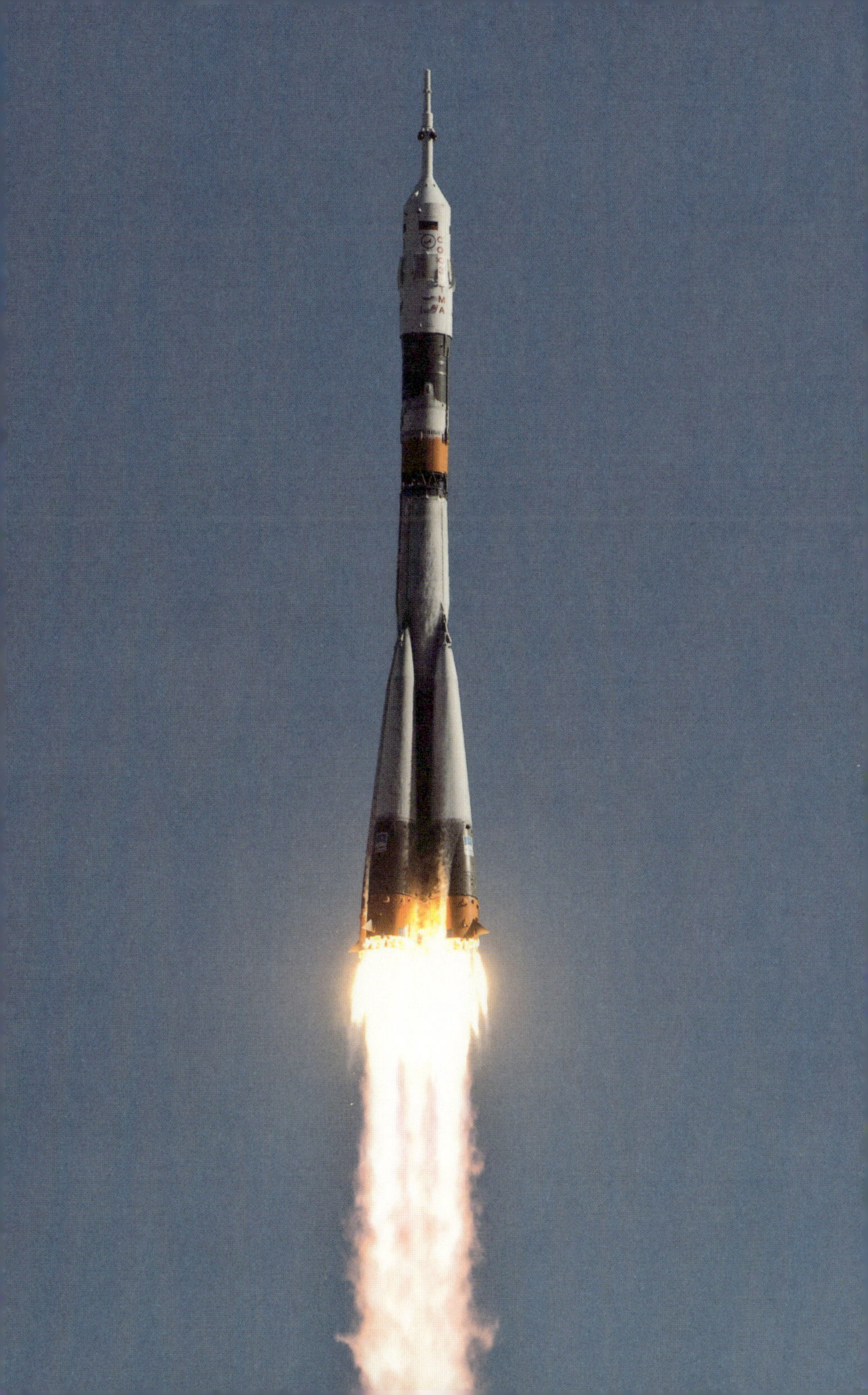

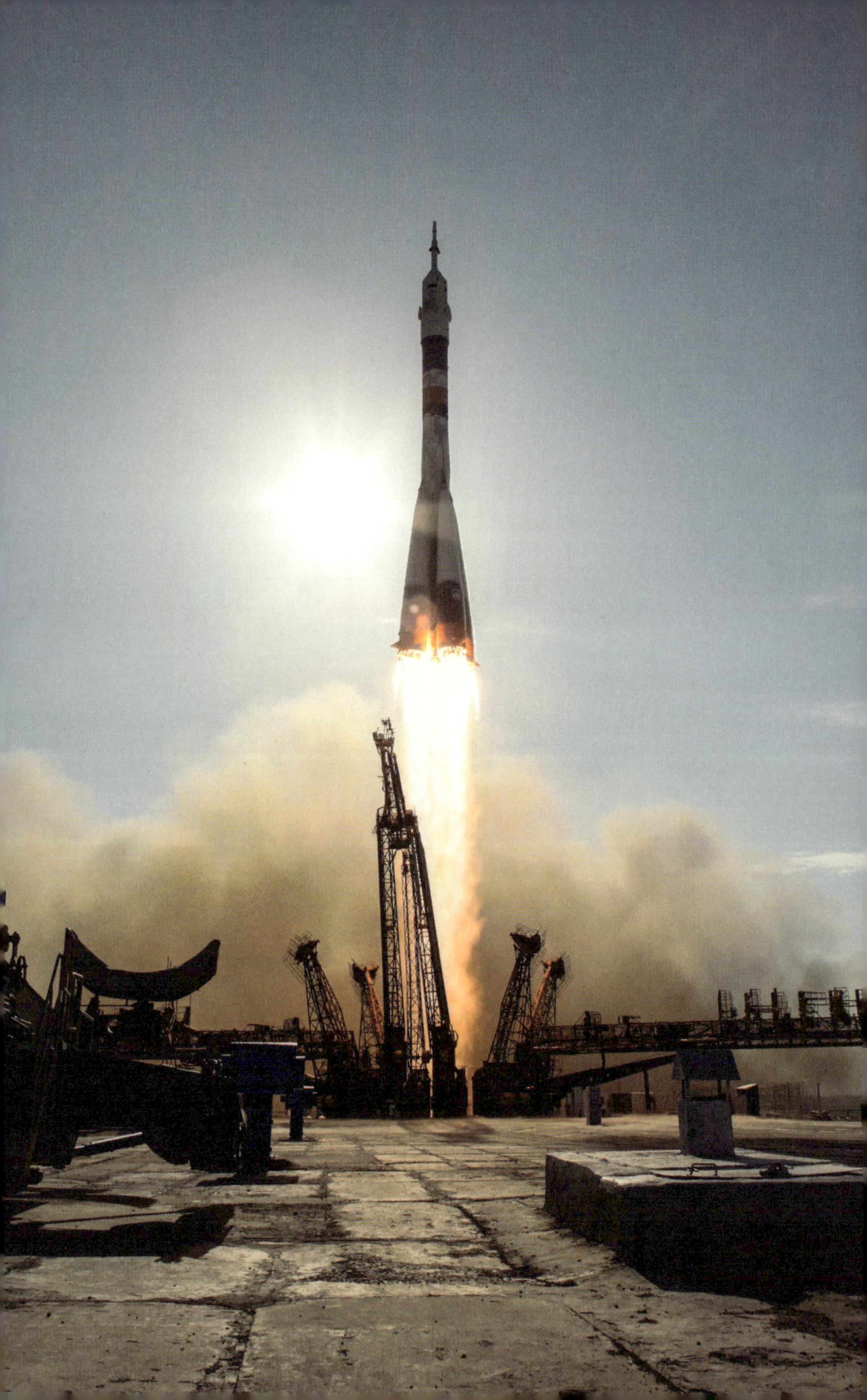

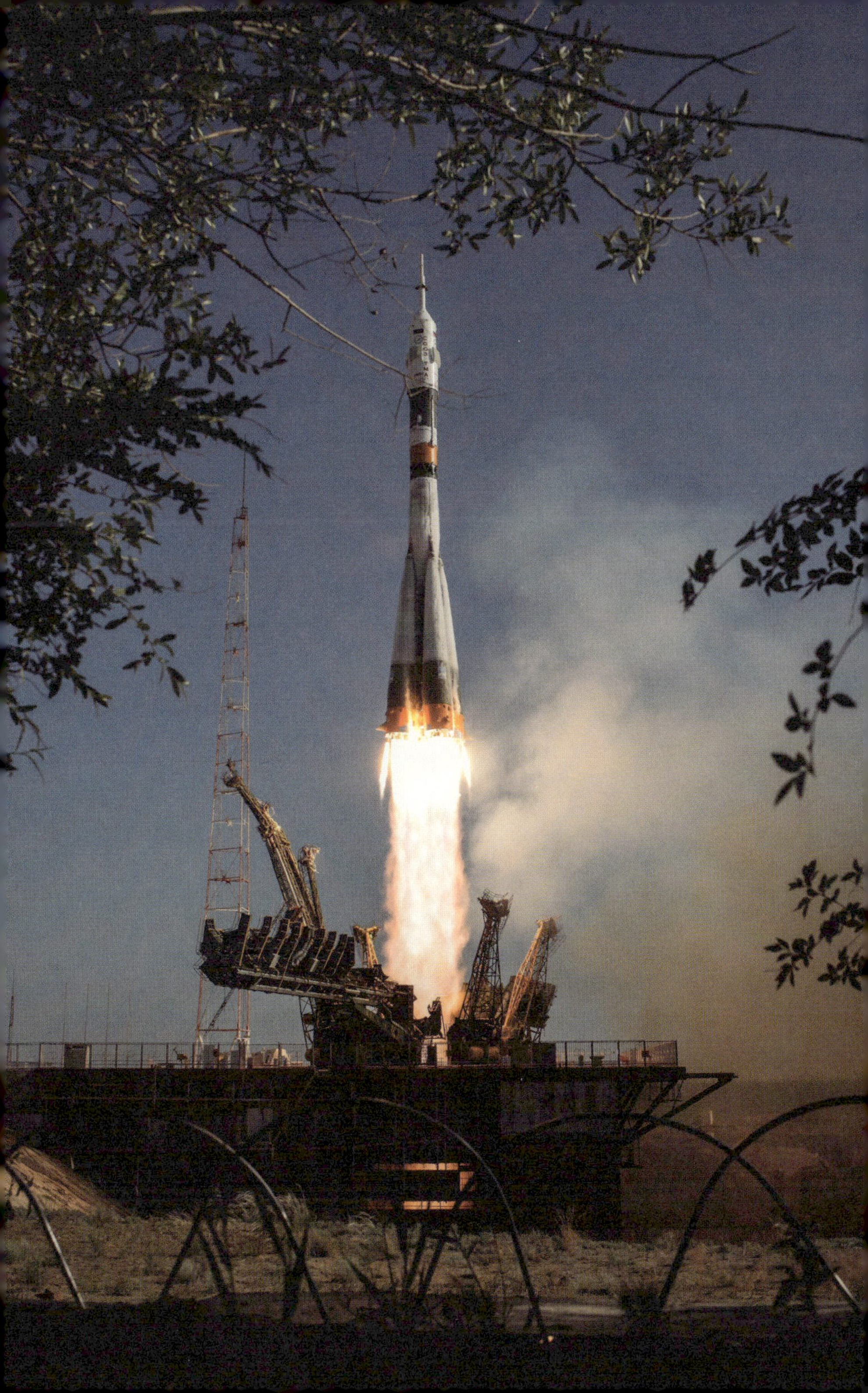

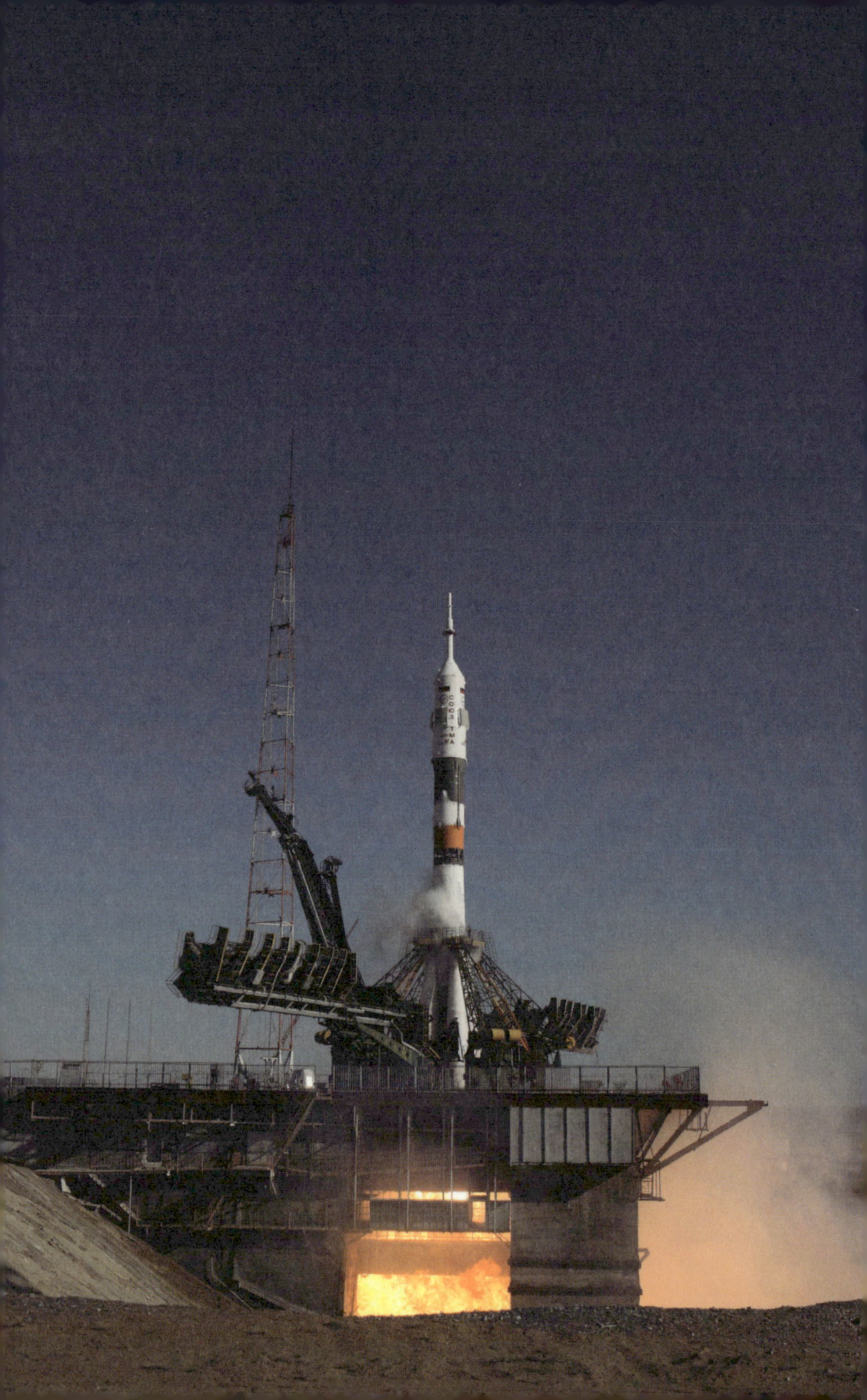

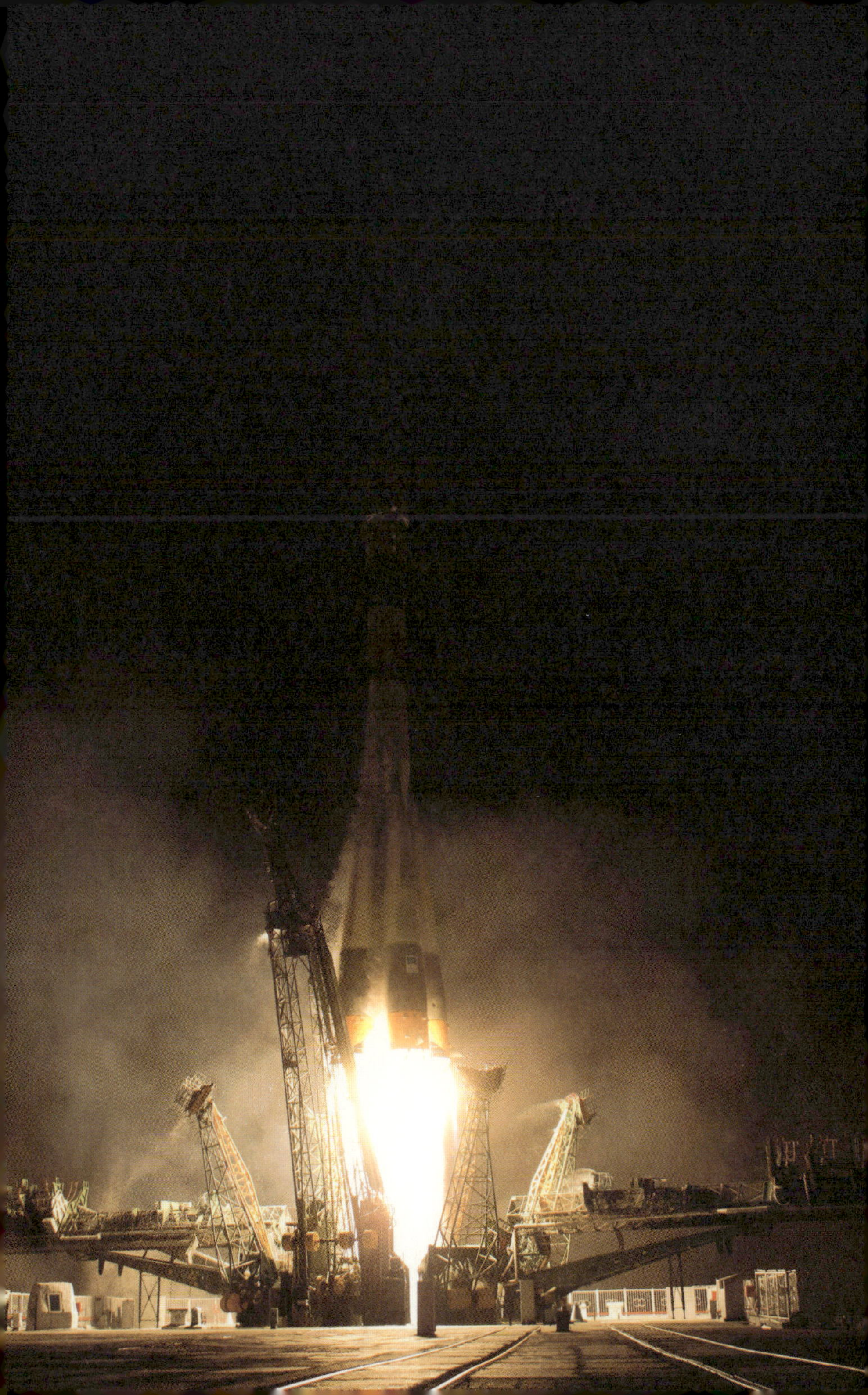

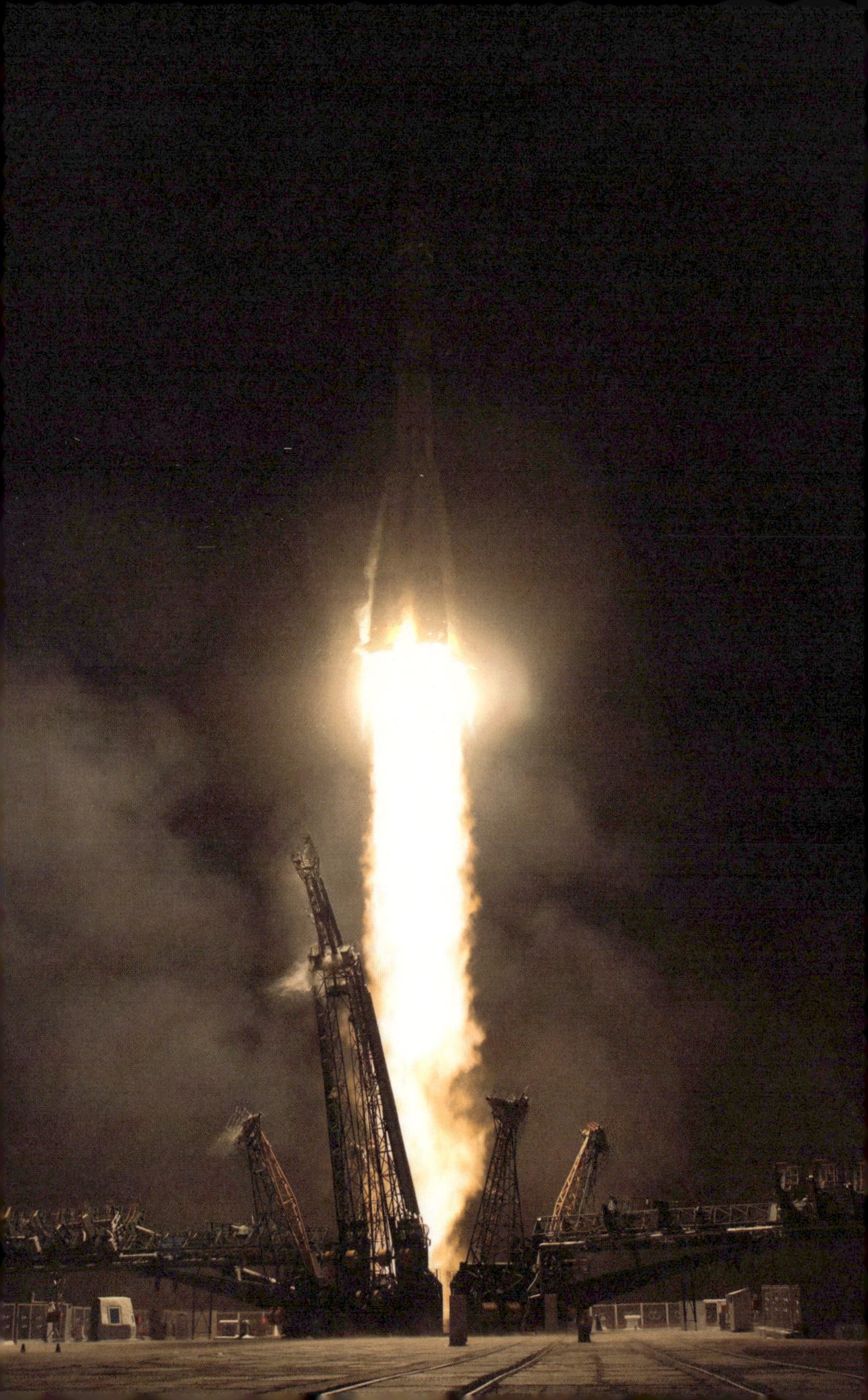

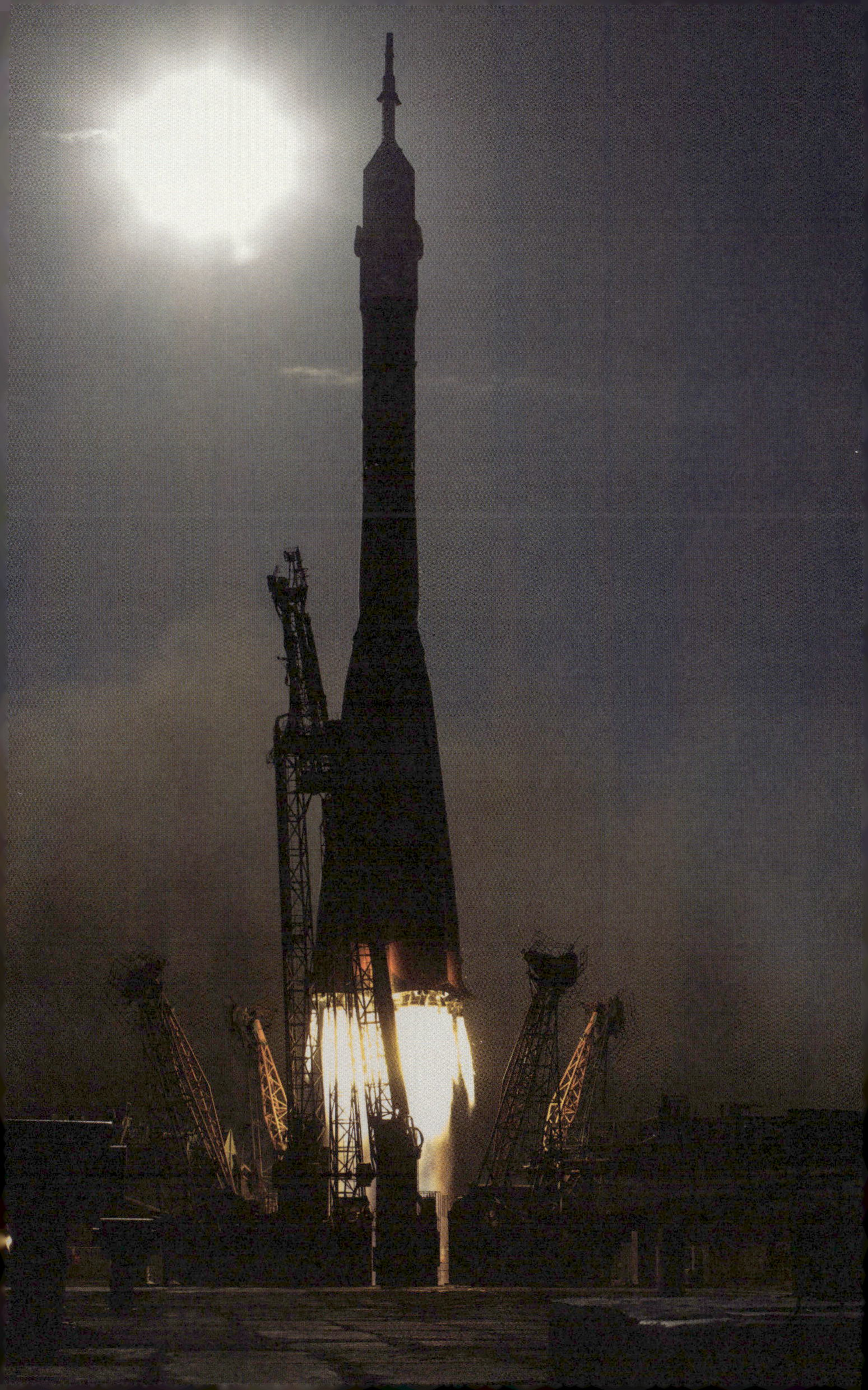

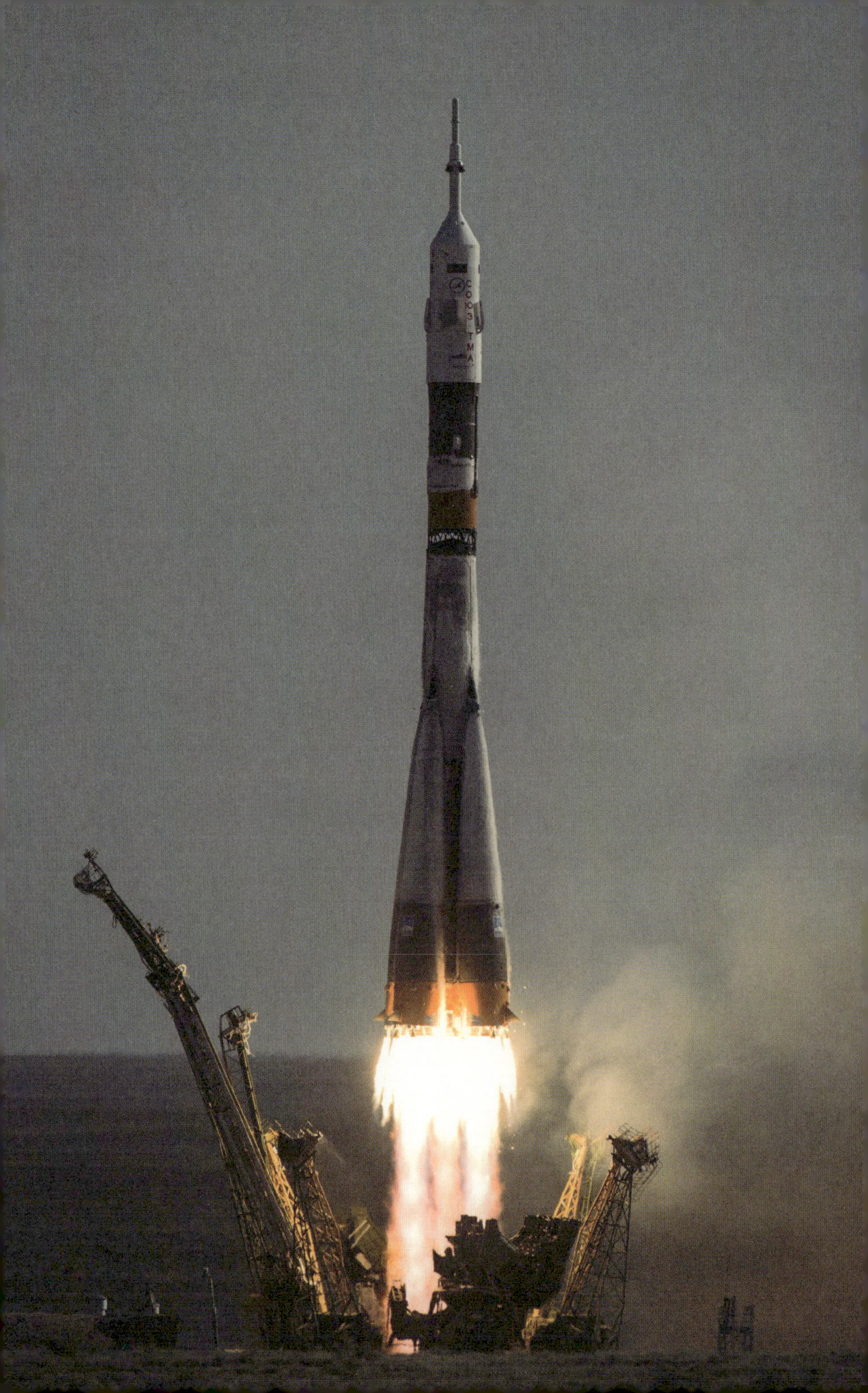
СОЮЗ
ТМА

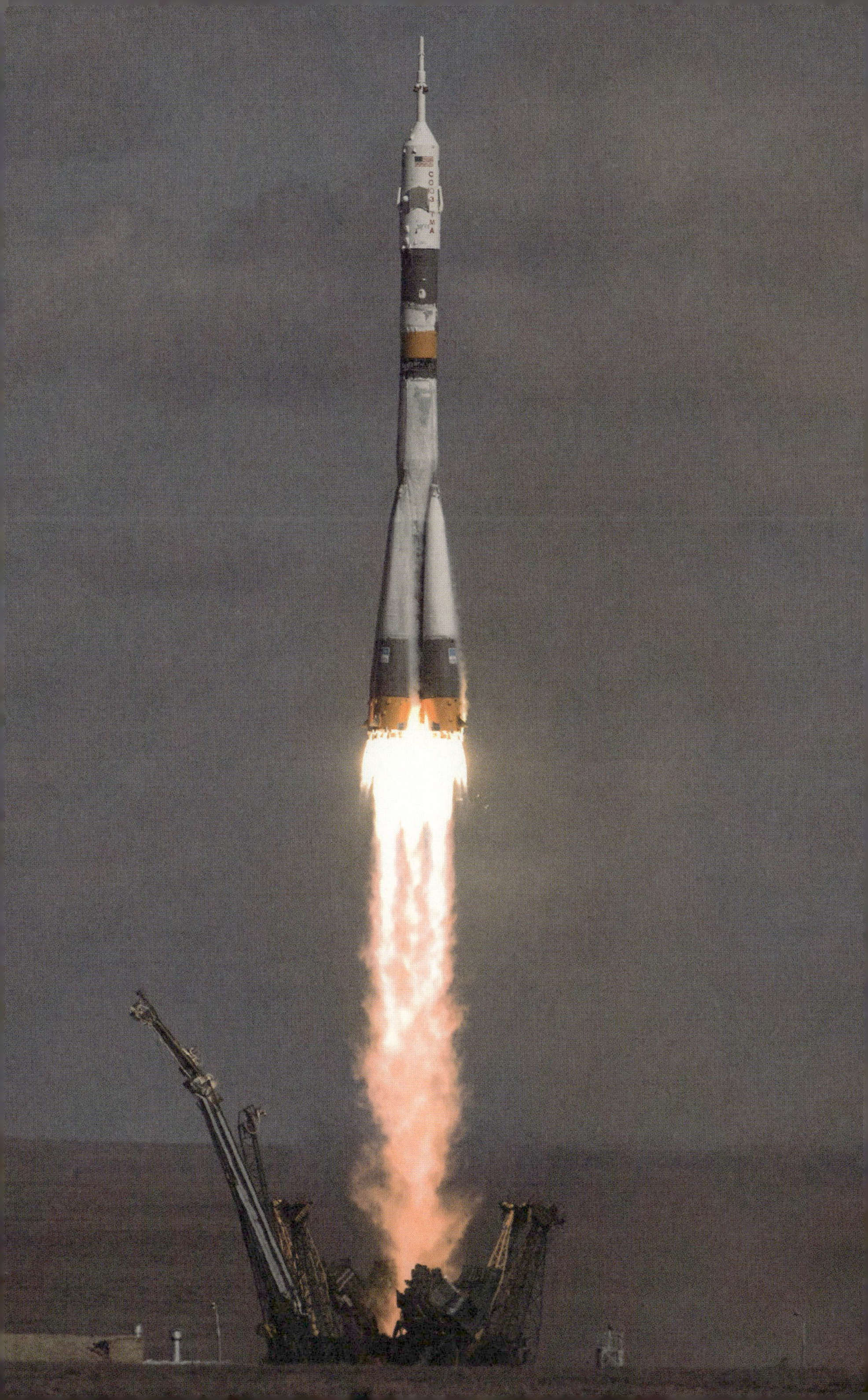

Wir wurden kosmisch

Joshua Groß und Moritz Müller-Schwefe
im Gespräch mit Etel Adnan

Etel, hier sitzen wir jetzt, 51 Jahre nach Gagarins Tod.

Seit der ersten Mondlandung sind 50 Jahre vergangen. Mittlerweile steht der Mars im Mittelpunkt. Es gibt sogar ein Land, Georgien, das dort Trauben anbauen will, um Wein zu produzieren.

Auf dem Mond?

Auf dem Mars!

Und wenn du dich erinnerst, wie es vor 50 Jahren war, wie fühlt sich das an?

Gagarin war der erste Mensch, der ins All flog. Das war im Oktober 1961. Ich war damals in Harvard, Massachusetts. Ich kam aus der Metro und sah es überall auf den Titelseiten der Zeitungen, es war ein Ereignis. Trotzdem sagten viele sofort, dass Gagarins Flug nichts Besonderes sei. Es gab eine Diskussion zwischen Professoren in Harvard. Ein Professor der Ingenieurswissenschaften vertrat die Meinung, dass die Sowjetunion den USA technologisch überlegen sei, während alle anderen sagten, man würde die Stärke der Russen überschätzen. Der Professor – ich glaube, er war sogar der Leiter des Departments – sagte etwas wie: »Das war kein Tennisball, der da hochgeflogen ist, das war eine Maschine. Hört also auf zu behaupten, dass das keine Bedeutung hat.« Dann entschied John F. Kennedy, dass er vor den Russen auf dem Mond sein wolle.

Heute machen die Chinesen Bilder von der Rückseite des Mondes. Das scheint ziemlich wichtig zu sein, weil sie den Aufwand betreiben, um den Mond zu fliegen, um ihn von hinten zu fotografieren. Die Chinesen wollen zeigen, dass sie es sind, die gerade führend sind in Sachen Technologie. Es findet ein Krieg der Sterne statt.

Mein Vater zeigte mir den Mond viele Male. Er sagte mir, dass wir es niemals schaffen würden, dorthin zu gelangen. Das hat mich sehr beeindruckt. Der Mond war für mich ein Bild für das Unmögliche. Und wir zerstören das Unmögliche. Wir transplantieren Herzen. Was sagt man dann eigentlich? »Ich liebe dich mit meinem ganzen Herzen, aber liebst du mich wie jemand anders?«

Momentan gewinnt auch die privat finanzierte Raumfahrt an Bedeutung, wenn man beispielsweise an die Raketenstarts von SpaceX denkt ...

Wir leben in einer sehr wichtigen Zeit. Wir befinden uns gewissermaßen wieder in der Prähistorie. Was wir Geschichte nennen, wird zur Vorgeschichte des Planeten Erde werden, denn wenn man vom Raumzeitalter aus denkt, ist alles, was gerade passiert, prähistorisch.

Ist dieses Gefühl vergleichbar mit dem Gefühl, das in den späten 1960er-Jahren vorherrschte?

Ja, es ist vergleichbar. Weil wir überhaupt nicht wissen, was passieren wird.

Und was auch sehr gefährlich ist: Wir begreifen die Erde als ein altes Zuhause, das wir einfach wegwerfen können. Statt dass wir uns um die ökologischen Fragen kümmern, träumen wir davon, ins All zu fliegen.

Stephen Hawking wurde einmal gefragt, ob es schlimm sei, dass die Erde stirbt, und er antwortete, dass es egal sei, weil wir ins All gehen werden. Ich glaube, diese Einstellung ist sehr gefährlich. Wir tun so, als wäre die Erde alt, als wäre sie bereits unbrauchbar.

Also eine Flucht? Wenden wir uns von der Erde ab, um die Verantwortung für die Schäden, die wir angerichtet haben, nicht übernehmen zu müssen?

Ich glaube, wir haben das Interesse an der Erde verloren. Wir denken uns ins All, weil wir dort unsere zukünftigen Lebensräume vermuten. Ich finde das alarmierend. Als könnte man die Erde wie ein altes Haus einfach verlassen und in ein neues Haus ziehen.

An deinem Gedicht *Ein Trauermarsch für den ersten Kosmonauten* ist interessant, dass es die Anziehungskraft, die vom All ausgeht, beschreibt, aber auch die Konflikte und Probleme benennt, die auf der Erde existieren.

Ja, dabei handelt das Gedicht natürlich hauptsächlich von Gagarin. Es ist wie bei Ikarus und Dädalus in der griechischen Mythologie. Gagarin war ein neuer Ikarus, der hochflog und vom Himmel fiel. Er starb bei einem Flugzeugabsturz. Und dennoch: Er war immer ein sehr glücklicher Mensch gewesen, er wurde auf der ganzen Welt geliebt. Er war der erste Mensch im All.

Zurück nach Harvard 1961. Wie reagierten deine Freundinnen und Freunde? Und wie war die Stimmung an der Universität?

Es war gigantisch. Eigentlich dachte die ganze Universität, die Russen hätten uns geschlagen.

Der Mond wurde irgendwann ein Politikum.

Er wurde zu einem Politikum gemacht. Es war nicht ausschließlich ein politisches Ereignis. Es berührte unsere Vorstellungskraft. Wir, also die Menschheit, sind so weit weg geflogen, an einen Ort, an dem noch niemand jemals gewesen war.

Würdest du gerne zum Mond reisen?

Ob ich zum Mond reisen würde? Schwer zu sagen. Ich glaube, ins All zu fliegen triggert eine enorme Klaustrophobie. Es ist beängstigend, sehr beängstigend sogar. Die Astronauten sind so eingeengt. Ich habe keine Ahnung, wie viele Tage es dauert, um zum Mond zu reisen. Insgesamt haben wir durch die Raumfahrt unseren Platz im Universum gewechselt, unsere Selbstwahrnehmung. Wir wurden alle kosmisch. Wir sind jetzt Bewohner des Kosmos. Wir haben den Kosmos bereist.

Würdest du sagen, dass wir alle Kosmonauten sind?

Ja. Es ist wie eine Mutation, die uns widerfahren ist.

Erinnerst du dich an Gagarins Begräbnis?

Ich sah Bilder von Gagarin, sie gingen um die Welt. Auch im Fernsehen. Ich erinnere mich daran, wie es war, als er 1968 starb. Ich war involviert in alles, was mit der Eroberung des Alls zu tun hatte. Es stimulierte meine Vorstellungskraft ungemein. Für mich wurde das Unmögliche möglich. Wie gesagt, mein Vater hatte mir immer erzählt, dass es unmöglich sei, ins All zu fliegen. Aber dann ist es geschehen.

Hat diese Tatsache das menschliche Bewusstsein verändert?

Ja, es verändert die Menschen. Wir zerstören Unmöglichkeiten. Genauso wie Tabus. Sie werden gebrochen und übertreten. So ähnlich ist es auch mit der Raumfahrt.

Wir mögen diese Szene in deinem Gedicht, wenn Gagarin ins All aufsteigt und dort die Götter und Propheten trifft.

Alle erheben sich für ihn. In den alten Religionen gibt es immer irgendwen, der auffährt und die Erde verlässt. Jesus fährt auf in den Himmel, genauso wie der Prophet Mohammed, der von Mekka nach Jerusalem reist. Es wird Illusion genannt, aber letztlich ist es Raumfahrt. Dann gab es natürlich auch Dädalus und seinen Sohn Ikarus. Die Erde zu verlassen ist eine menschliche Sehnsucht. Ins All zu fliegen ist eine Sehnsucht. Wir glauben, dass sich Gott im All befindet, und auch das Paradies, aber wir wissen es nicht. In der Bibel fuhr der Prophet Elia mit einem Feuerwagen hinauf. Für die menschliche Vorstellungskraft war die Himmelfahrt schon immer von großer Bedeutung. Und mit Gagarins Flug ist sie wahr geworden. Wir sind davongeflogen, wir haben die Erde hinter uns gelassen. Und trotzdem glaube ich nicht, dass irgendwo im All eine Lösung für unsere Probleme auf der Erde gefunden werden kann.

Denkst du, es geht darum, die Erde im All zu verorten?

Es ist sehr wichtig, dass wir unser erstes Zuhause behalten. Wir sind Lebewesen der Erde. Aber die Raumfahrt ist eine Revolution – für die Vorstellungskraft. Es ist ein bisschen beängstigend.

Hochzufliegen, nimmt das dem All seine Mystik?

Wir sagen immer, dass wir hochfliegen, vielleicht fliegen wir aber auch runter. Wir wissen es nicht (lacht). Wir glauben nur, dass wir hochfliegen, weil der Mond immer oben ist.

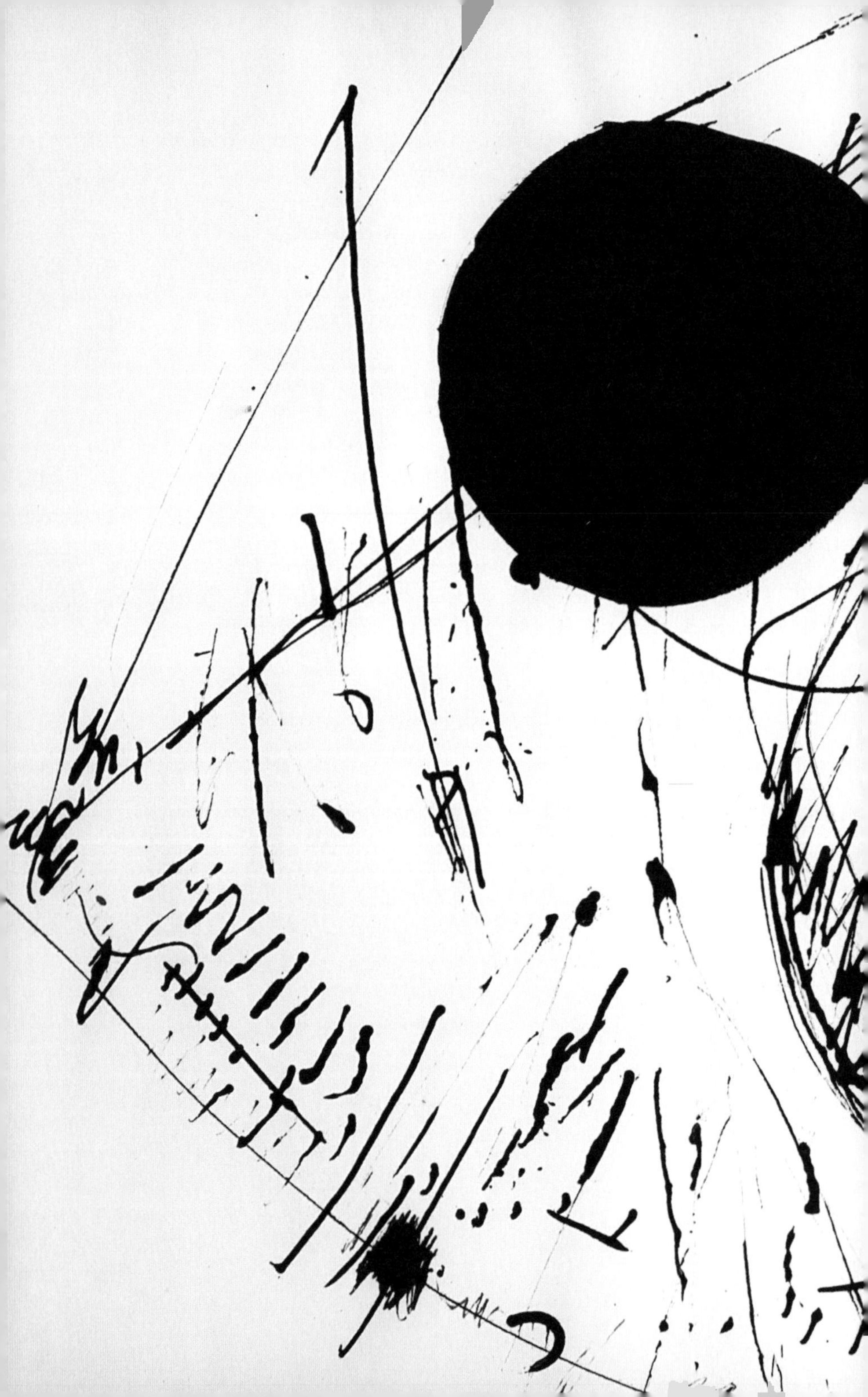

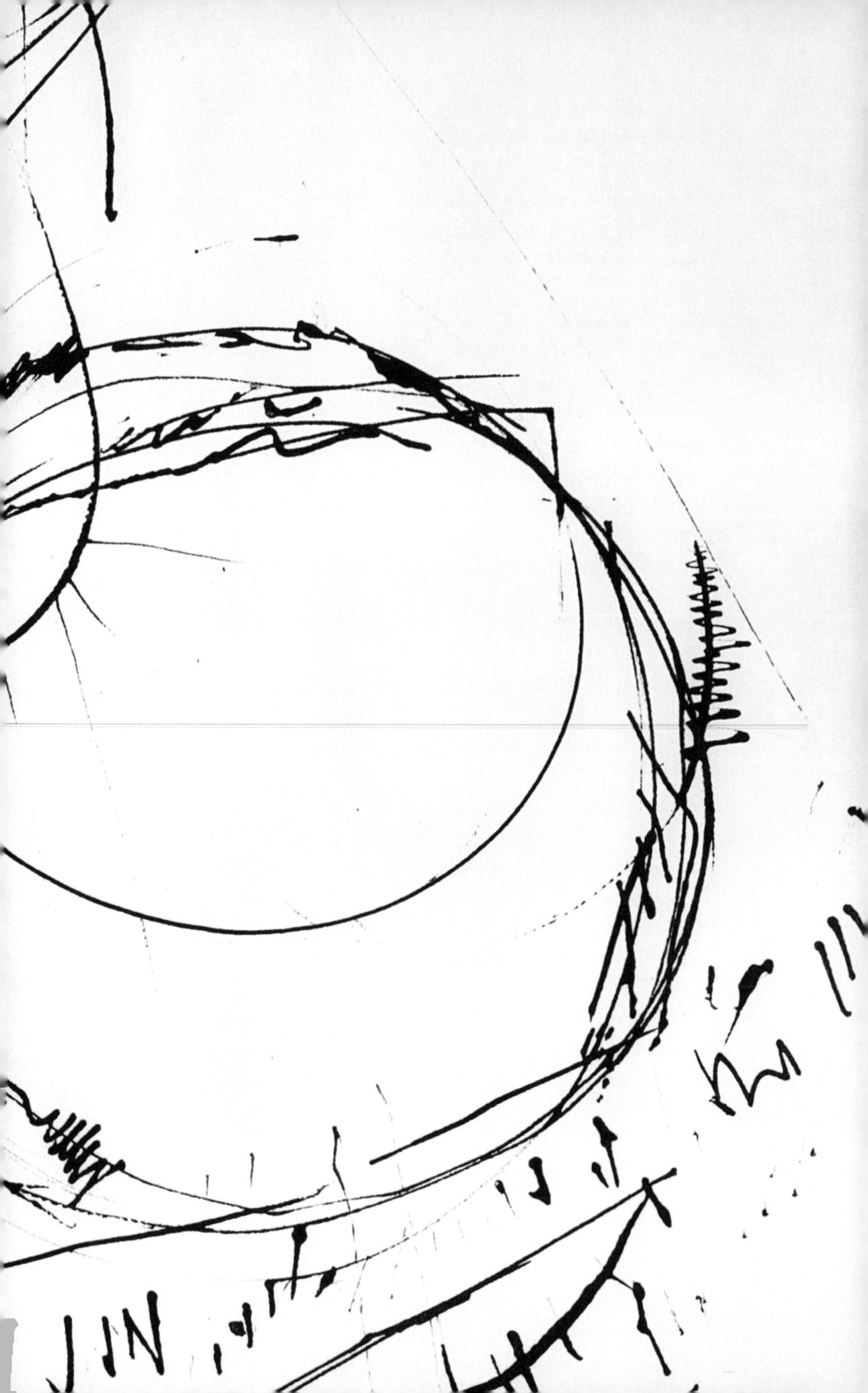

Findest du das All mystisch?

Kennt ihr Jules Verne? *Die Reise zum Mond.* Er machte einen Ort in Florida zum Ausgangspunkt seines Romans, einen Ort, den später auch die NASA wählte.

Cape Canaveral.

Verne wählte für seine Geschichte den gleichen Ort, von dem aus die Mondmission tatsächlich gestartet wurde. Als ich aufwuchs, kannte ich Verne nicht. Ich las irgendwann *Michael Strogoff.* Aber die Kinder, die in Frankreich aufwuchsen, kannten ihn natürlich. Außerhalb von Frankreich war er nicht so verbreitet.

Unsere Eltern lasen Jules Verne, als sie jung waren.

Tatsächlich?

Ja, sie reisten mit ihm ins All, in ihrer Vorstellung.

Ah, sie hatten wahrscheinlich eine übersetzte Ausgabe.

Ist dein Gedicht Science-Fiction?

Science-Fiction ist keine Fiktion mehr – es ist alles Realität geworden.

Trifft das auch auf Kalifornien zu?

Kalifornien ist das Ende der Welt, wie wir sie kennen. Wenn man in Kalifornien ist, kann man nur wieder »zurück« nach China. Weiter westlich ist nichts mehr. Man kann nichts tun, außer ins All zu fliegen. Außerhalb Kaliforniens gibt es nichts mehr zu entdecken, es ist, als würde die Welt dort aufhören. Man befindet sich an der Kante, man kann nur noch nach oben. Allerdings wird diese Tatsache in Kalifornien nicht sonderlich beachtet.

Weil die Kalifornier skeptisch sind, was die Raumfahrt angeht?

Armstrong ist ja gar kein Kalifornier gewesen, er stammte aus dem Mittleren Westen. Er war aus Ohio, aus der Mitte der Vereinigten Staaten. Im Kino lief gerade ein Film über ihn.

Hast du ihn gesehen?

Nein. Es gibt übrigens keinen Film über Gagarin, zumindest keinen, der bei uns bekannt wäre.

War das ein utopischer Moment, als Gagarin ins All flog?

Nein, es war komplett real. Wir glaubten daran. Wir sahen Bilder davon. Gagarin verließ die Erdatmosphäre, er überwand die Schwerkraft. Er war im All. Astronauten waren damals sehr präsent.

Wir haben gelesen, dass Chruschtschow einmal über Gagarin sagte, dass dieser keinen Gott getroffen hätte, als er im All war. Gagarin aber hat das nie gesagt.

Die Sowjetunion nutzte ihr Raumfahrtprogramm für Propaganda. Gagarin war andauernd auf Tour und hatte Auftritte. Trotzdem ist das ein eigenartiger Tod, dass er aus dem Himmel fiel. Ein ironischer Tod.

Wurde Gagarin zu einem Schamanen, als er ins All flog? Wurde er zu jemandem, der Erde und All verbindet?

Ja, das kann man so sagen. Er sah die ganze Erde aus großer Distanz. Er muss gespürt haben, dass er etwas tat, was kein Mensch vor ihm getan hatte. Es war, als wäre er ein Engel geworden. Beängstigend. Er muss sehr viel Angst gehabt haben. Aber er wusste, dass er gerade eine neue Epoche beginnen ließ. Er war ein Super-Champ (lacht).

Ein Superheld, wie Batman.

Es ist so schwer für unsere Vorstellungskraft, zu begreifen, wie es ist, etwas zu tun, was kein Mensch je zuvor getan hat.

Ist das etwas, wonach jede Künstlerin, jeder Künstler streben sollte?

Es gab nicht viele Künstlerinnen oder Künstler, die sich mit dem All auseinandergesetzt haben. Das All wird in der Kunst nicht besonders leidenschaftlich behandelt.

War Gagarins Flug ein Kunstwerk?

Ja, auf jeden Fall. Aber dieses Ereignis berührte die Kunstszene eigentlich nicht. Wie gesagt, es gab nicht viele, die sich damit auseinandersetzten.

Du aber schon.

Ja, für mich war es eine Revolution. Eine neue Welt. Eigentlich eher eine neue Dimension. Weil wir nicht mehr hier waren, wir sind fortgegangen.

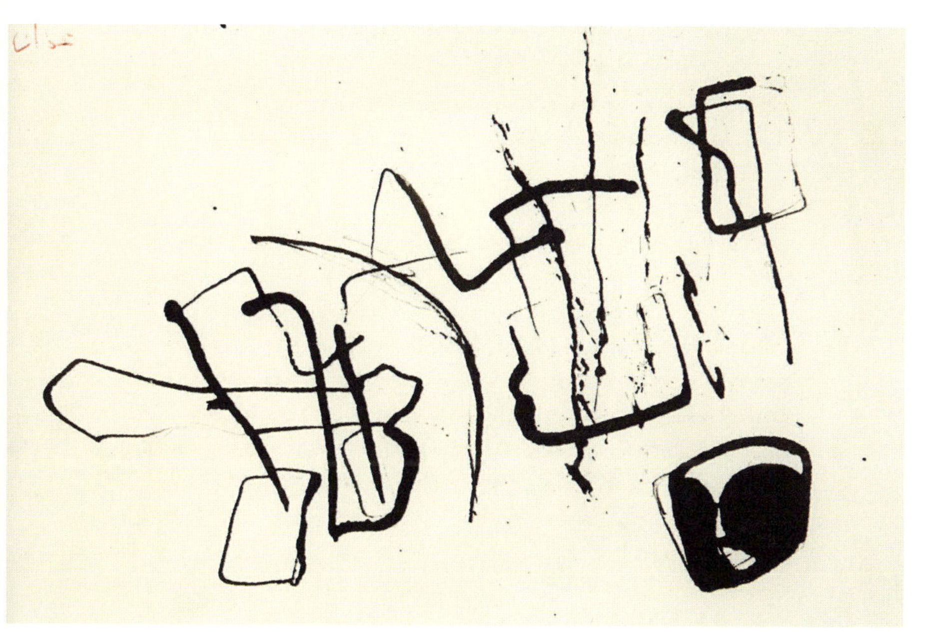

Versuchst du, in deinen Bildern das All wiederzugeben?

Ich habe nur ein paar Zeichnungen zum All gemacht, nicht sehr viele. Aber es hat mich sehr bewegt. Es ist so eine beängstigende Erfahrung.

Wie ist das, wenn du zeichnest: gehst du von deiner Vorstellung aus?

Wir zeichnen immer von der Vorstellung ausgehend. Es kann sogar sein, dass etwas anzuschauen bedeutet, es sich vorzustellen, das Objekt. Wir wissen nicht, was Vorstellung sein könnte. Wir wissen nicht mal, was das ist, das wir »Vorstellung« nennen. Man muss es für sich selbst interpretieren. Aber was es bedeutet, etwas zu sehen, das wissen wir nicht. Wir tun es andauernd, aber wir wissen es nicht.

Was bedeutet dir das All?

Gute Frage ... es wirkt, als würden die Dinge dort auf der Suche sein, als würden sie aus dem Nichts erscheinen. Das finde ich sehr interessant.

Hast du mitbekommen, dass vor ein paar Wochen zum ersten Mal ein Schwarzes Loch fotografiert wurde?

Das Schwarze Loch? Ja, das habe ich gesehen. Diese Dinge existieren also wirklich, man kann sie fotografieren. Wir wissen nicht, ob die Erde eines Tages von einem Schwarzen Loch geschluckt wird. Es wird nicht heute passieren, aber wer weiß. Lasst uns noch warten, bis das Buch erscheint, dann kann die Erde meinetwegen verschluckt werden (lacht).

Als du das Gedicht geschrieben hast, veröffentlichte die NASA ein Foto, das die Erde als ganzen Planeten zeigt. Das hatte es zuvor auch noch nicht gegeben. Und jetzt das Schwarze Loch ...

Ich habe das Gedicht damals als religiöse Zeremonie für Gagarin geschrieben. Mir war aufgefallen, dass es in Europa und dem Nahen Osten Zeremonien für die Toten gibt. Aber in den Vereinigten Staaten gab es das nicht. Man geht dort in die Kirche, aber man lehnt den Tod ab, man entledigt sich des Todes. Das ist ein Versäumnis. Wenn in den Vereinigten Staaten jemand stirbt, weiß man gar nicht, was man tun soll. Es gibt nichts, was einem hilft. Keine Strukturen. Das beschäftigte mich damals. Es gibt einen kleinen Gottesdienst, man sagt Tschüss, und das war's. Im Nahen Osten kümmert man sich um die Toten, man bleibt bei ihnen. Die ganze Nachbarschaft ist in Trauer. Wenn jemand starb, als ich jung war – es konnte jemand sein, den wir gar nicht kannten –, sagte meine Mutter zu mir: »Mach das Radio nicht an, mach keine Musik an, das ist nicht richtig, weil ... wir machen das einfach nicht.« Der Tod wird in der ganzen Nachbarschaft zelebriert. Es ist ein komplett anderer Umgang, sehr archaisch.

Das Gedicht war für mich ein Marsch, wie ein Trauermarsch in den Straßen. Damals standen wir am Fenster und sahen zu, wie sich die Leichenzüge an unserem Haus vorbeischoben. Das war die einzige Musik, die wir hatten. *C'est la fanfare*. Sehr eindrucksvoll. Und in den Vereinigten Staaten habe ich bemerkt, dass die Beziehung zum Tod komplett vom dem abwich, was ich aus meiner Kindheit kannte.

Wir mussten beim Lesen des Gedichts auch an Ginsberg denken, auch von ihm gibt es Gedichte, die religiöse Strukturen nutzen.

Ja, mein Gedicht war wie ein Gebet für Gagarin.

Gibt es noch einen anderen Kontext dazu?

Ich weiß, dass sich die russischen Künstler, noch vor Kandinsky, viel mit dem All beschäftigt haben, Tatlin beispielsweise. Tatlin hat ein Monument kreiert. Die ganze Russische Schule, auch Malewitsch, sie alle haben sich für den Kosmos interessiert. Genauso wie Kandinsky. Es gibt von ihm eine Serie von Malereien, mit vielen Kreisen, das war für ihn das All. Ich glaube, die russischen Künstler waren sehr spirituell, obwohl sie Kommunisten waren. Sie waren geprägt von mystischen Theologen. Es gab eine theologische Prägung, obwohl der Staat dagegen war. Es gab also bereits eine Verbindung zum Kosmischen.

Im 19. Jahrhundert lebte der Mystiker und Theologe Berdjajew, sein Denken war sehr religiös, aber er hatte einen enormen Einfluss auf die Revolution. Ihr solltet ihn lesen, er ist ein wirklich wichtiger Denker für die Russische Revolution. Es war gewissermaßen eine messianische Revolution, auch eine religiöse Revolution. *C'est une revolution mystique, la revolution russe*. Ja, wirklich sehr messianisch im Ansatz. Sie versprachen eine neue Welt, ein neues Leben. Das hängt alles zusammen.

Ist dein Werk in irgendeiner Form spirituell?

Es ist eigentlich eher religiös. Alles, was einem Angst einflößt, hat etwas Religiöses. Und das All ist sehr angsteinflößend für das Bewusstsein. Es ist tatsächlich revolutionär. Eine spirituelle Erfahrung ist nie schön, sondern beängstigend. Versteht ihr?

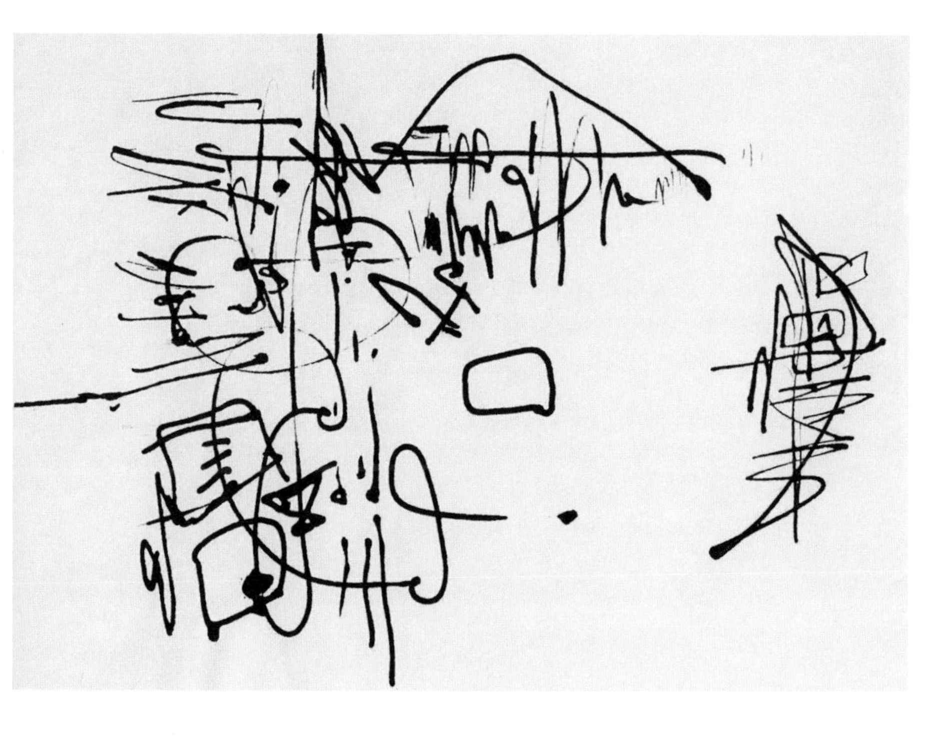

Hast du so was schon mal erfahren, ein spirituelles Ereignis?

Ja, natürlich. Wir alle machen spirituelle Erfahrungen. Man muss nicht mal religiös sein im Sinne einer christlichen oder nichtchristlichen Struktur. Schwimmen kann beispielsweise eine spirituelle Erfahrung sein.

In deinem Gedicht sprichst du davon, dass Gagarin im Himmel schwimmt. Das wäre so eine spirituelle Erfahrung des Schwimmens, die gleichzeitig beängstigend ist.

Das Spirituelle beschreibt das Gefühl, das wir haben, wenn sich bei irgendeiner Erfahrung, die wir machen, ein Fenster öffnet, wodurch etwas möglich wird, das über diese Erfahrung hinausgeht. Was das ist, wissen wir nicht genau.

Kann Kunst so eine Erfahrung ermöglichen?

Ja.

Sie öffnet spirituelle Fenster?

Die Erfahrung der Kosmonauten muss eine sehr einsame Erfahrung sein. Sie sind alleine mit einer komplett neuen Erfahrung.

Fühlst du dich dem nah?

Ja, ein bisschen. Ich habe immer versucht, mich solchen Erfahrungen auszusetzen.

Anhang

Die Schriftstellerin und Malerin Etel Adnan wurde 1925 in Beirut, Libanon, geboren. Sie besuchte dort französische Schulen und nahm 1949 ein Studium der Philosophie an der Sorbonne in Paris auf. 1955 setzte Adnan ihr Studium in den USA fort und unterrichtete von 1958 bis 1972 Geisteswissenschaften und Philosophie in San Rafael an der Dominican University of California. In dieser Zeit begann sie zu malen. 1972 kehrte sie nach Beirut zurück, um dort als Feuilletonredakteurin der Zeitungen *Al-Safa* und *L'Orient-Le Jour* zu arbeiten. 1976, zwei Jahre nach Ausbruch des Bürgerkriegs, zog Etel Adnan nach Paris. 1979 ging sie wieder nach Kalifornien, kehrte später jedoch nach Paris zurück, wo sie am 14. November 2021 starb.

2012 nahm Etel Adnan an der *dOCUMENTA (13)* in Kassel teil. 2019 fand im Musée d'Art Moderne Grand-Duc Jean in Luxemburg unter dem Titel *Etel Adnan et les Modernes* eine große Retrospektive statt.

Auf Deutsch erschienen von Etel Adnan u. a. der Roman *Sitt Marie-Rose* (1988, Suhrkamp), *Reise zum Mount Tamalpais* (2008, Edition Nautilus), das Langgedicht *Arabische Apokalypse* (2012, Suhrkamp) und der Sammelband *Sturm ohne Wind: Gedichte – Prosa – Essays – Gespräche* (2019, Edition Nautilus).

Seite 11: *A Funeral March for the First Cosmonaut*, 2019, Tusche auf Bütten, 32,8 x 24,7 cm (Ausschnitt; © Etel Adnan)

Seite 13: *A Funeral March for the First Cosmonaut*, 2019, Tusche auf Bütten, 32,8 x 24,7 cm (Ausschnitt; © Etel Adnan)

Seite 17: *A Funeral March for the First Cosmonaut*, 2019, Tusche auf Bütten, 32,8 x 24,7 cm (Ausschnitt; © Etel Adnan)

Seite 20/21: *A Funeral March for the First Cosmonaut*, 2019, Tusche auf Bütten, 24,7 x 32,8 cm (Ausschnitt; © Etel Adnan)

Seite 25: *A Funeral March for the First Cosmonaut*, 2019, Tusche auf Bütten, 32,8 x 24,7 cm (Ausschnitt; © Etel Adnan)

Seite 27: *A Funeral March for the First Cosmonaut*, 2019, Tusche auf Bütten, 32,8 x 24,7 cm (Ausschnitt; © Etel Adnan)

Seite 29: *A Funeral March for the First Cosmonaut*, 2019, Tusche auf Bütten, 32,8 x 24,7 cm (Ausschnitt; © Etel Adnan)

Seite 58/59: *Hyper Espace*, 1964, Wasserfarben auf Papier, 20 x 25,6 cm (Ausschnitt; © Etel Adnan und Galerie Sfeir-Semler, Hamburg/Beirut)

Seite 63: *ohne Titel*, 1964, Wasserfarben auf Papier, 9,7 x 14,6 cm (© Etel Adnan und Galerie Sfeir-Semler, Hamburg/Beirut)

Seite 67: *Hyper Espace*, 1964, Wasserfarben auf Papier, 37,6 x 45,5 cm (© Etel Adnan und Galerie Sfeir-Semler, Hamburg/Beirut)

Editorische Notiz

Das Gedicht *A Funeral March for the First Cosmonaut* verfasste Etel Adnan im Jahr 1968, es war zunächst Teil eines mit Zeichnungen von Adnan versehenen Leporellos (27 x 9,2 x 1,9 cm), das sich heute in der Sammlung des Whitney Museum of American Art in New York befindet.

Die im Kapitel *Es ist wie eine Mutation, die uns widerfahren ist* abgedruckten Raketen-Fotografien wurden dem Online-Archiv »archive.org« entnommen.

Das Gespräch mit Etel Adnan führten Joshua Groß und Moritz Müller-Schwefe am 10. Mai 2019 in Paris. Im Anschluss an das Treffen fertigte Etel Adnan sieben Tuschezeichnungen auf verschiedenfarbigen Büttenpapieren, die nun ihr Gedicht *A Funeral March for the First Cosmonaut* flankieren.

Die drei das Gespräch mit Etel Adnan begleitenden Zeichnungen stammen aus dem Jahr 1964 und werden mit freundlicher Genehmigung der Galerie Sfeir-Semler, Hamburg/Beirut, abgedruckt.

Die Umschlaggestaltung erfolgte unter Verwendung eines mit dem Weltraumteleskop Hubble erstellten Bildes der Europäischen Weltraumorganisation ESA.

Der Dank der Herausgeber gilt Johan Bessling, Simone Fattal und Hans-Ulrich Müller-Schwefe.

Impressum

Herausgeber
Joshua Groß und Moritz Müller-Schwefe in Zusammenarbeit mit dem Institut für moderne Kunst Nürnberg

Redaktion
Joshua Groß, Moritz Müller-Schwefe, Manfred Rothenberger

Gestaltung
Timo Reger

Schrift
Nobel

Papier
Fly 05 spezialweiß, 130 g/m²

Herstellung
Westermann Druck Zwickau GmbH

2. Auflage, 2025

ISBN: 978-3-922895-36-7